Vittoria

Quotidiano

Mille Nomi, Titoli, e Attributi di Dio; con
Applicazioni Pratiche per Devozione
Quotidiana e Situazioni di Vita

I0087437

VITTORIA QUOTIDIANO

Produced for Divine Literature International by:
Stemad Publications Inc.
Houston TX, USA.

First Published by Stemad Publications Inc, 2013
Updated, December 2015

Printed in the United States of America

ISBN 978-0615756714

For bulk purchase enquiries, contact the Publishers at:
stemadpublications@hotmail.com

Vittoria

Quotidiano

Mille Nomi, Titoli, e Attributi di Dio; con
Applicazioni Pratiche per Devozione
Quotidiana e Situazioni di Vita

La Guida di
Lode e Preghiera
Per il Cristiano
Vittorioso

Deborah O'longe

STEMAD PUBLICATIONS INC.

Altri Libri di Deborah O'longe

Daily Victory
(Edizione Inglese)

Victoria Diaria
(Edizione Spagnola)

Victoire Quotidien
(Edizione Francese)

Ida Isegun
(Edizione Yoruba)

Dagelijks Overwinning
(Edizione Olandese)

Vitória Diária
(Edizione Portoghese)

Täglich Sieg
(Edizione Tedesca)

1000 Bible Facts About GOD
(Una Guida allo Studio e Aiuto per
Evangelizzazione)

Riconoscimento

Padre Celeste, non potrei avere scritti e pubblicato questo libro senza la Tua forza, guida, saggezza e fornitura.

Io dare Te tutta la Gloria!

Tabella dei Contenuti

PREFAZIONE

Nomi di Dio, Titoli e Attributi rivelare la Sua natura e l'identità. Ogni promessa di Dio per noi è in Sua parola scritta. Le Sue promesse sono inerenti nei Suoi Nomi, Titoli e Attributi. Tuttavia, c'è un legame tra la parola scritta e la parola parlata. Le promesse di Dio hanno bisogno di essere confessato di provocare loro manifestazione. Noi rivendichiamo le benedizioni che Dio ha per noi via credendo sue promesse, e confessando le promesse.

La Bibbia ci dice che il Nome del Signore è una Forte Torre che possiamo eseguire a ed essere completamente sicuro (Proverbi 18.10). Questo significa che ciascuno dei Nomi e Titoli di Dio può essere preso come Dio stesso. Essi rappresentano la Sua gloria, maestà, e la supremazia, e portano il Suo potere e autorità. Essi sono santo, come Egli è Santo; tanto, che ci stiamo comandato contro li utilizzano per motivi quali sono vano (Esodo 20:7).

Ogni nome e titolo di Dio ha un significato specifico. Quando Dio si identifica se stesso a noi con un nome o titolo, significa che Egli vuole rivelare un aspetto di se stesso. Ciò è evidente in Esodo 3:14, quando Egli ha identificato se stesso a Mosè come "Io sono colui che sono", per rivelare se stesso come il

Auto-Esistente Dio, che ha il potere infinito di fare assolutamente tutte le cose, anche il logicamente impossibile. Questo era tutto che Mosè aveva bisogno di sapere su Dio. Egli aveva bisogno di niente di più a comunicare con fiducia il piano di Dio agli Israeliti e confrontarsi Faraone. In tutti gli sforzi di Mosè per ottenere gli Israeliti fuori dall'Egitto, Dio si rivelato Se stesso come, il grande IO SONO. In ogni occasione che Dio afflitto Egitto, Egli si mostrò Se stesso come, il grande IO SONO. In tutti i Suoi miracoli al popolo di Israele nel deserto, Dio si rivelato Se stesso come, IO SONO COLUI CHE SONO.

Dio anche identificato Se stesso ad Abramo come El-Shaddai - Il Dio Onnipotente, il nostro Sufficienza (Genesi 17:1). In un'altra occasione, Lui era rivelato come Jehovah Jireh - il nostro Fornitore (Genesi 22.14). Dio si rivelato Se stesso come Jehovah Jireh nella vita di Abramo e la sua discendenza; e loro mai mancava di nulla di buono da allora in poi. Tutti i credenti sono anche partecipi di questa benedizione, per la Bibbia dice: se siamo di Cristo, allora siamo seme di Abramo ed eredi secondo la promessa (Galati 3:29).

Gli Attributi di Dio sono così significativo come i Suoi Nomi e Titoli; Essi rivelano il Suo carattere. Un credente che conosce il carattere del Dio egli serve non viene spostato dalle circostanze intorno a lui (Daniel 11.32). Egli sa ciò che Dio può fare, e come lui può sempre cercano per Lui a intervenire nella sua situazione. Egli conosce che suoi limitazioni possono essere soddisfatte dalle promesse inerenti in gli Attributi di Dio. Quando un credente è afflitto, lui sa che egli può sempre eseguire a il Dio compassionevole che non nasconde il Suo volto da gli afflitti, ma ascolta a il loro grido per aiuto (Salmi 22:24). Quando forze battaglia contro la sua vita, egli rimane imperturbabile perché sa che egli può chiamare su Colui che è potente in battaglia (Salmi 24:8), potente per salvare, e in grado di distruggendo le forze con Sua mano destra (Esodo 15:6).

Nomi di Dio, Titoli e Attributi sono effettivamente doni per noi, ma noi deve uso di loro solo con riverenza e santo timore. Il loro utilizzo deve essere limitato a invocazione nella preghiera, la lode, il ringraziamento, e petizione che procedere da un cuore puro.

PARTE PRIMA

RICERCA

DEL VOLTO

E LA

MANO

DI DIO

RIVERENTE USO DEI NOMI, TITOLI, E ATTRIBUTI DI DIO

Questa sezione discute approcci pratici per utilizzando i Nomi, Titoli e Attributi di Dio per costruire un rapporto intimo con Lui, e cercare il Suo intervento su vostre circostanze. Non c'è nessun tempo impostato alla comunione con Dio, di parlare con Lui, o di parlare la Sua parola sopra una situazione. Mantenere questo libro con te sempre, e usarlo come guida di riferimento per la preghiera, lode e adorazione.

Io pregare che questa guida devozionale sarà vantaggioso a il vostro cammino spirituale, e prendere te a una nuova dimensione nel vostro rapporto con Dio.

Lodando e Adorando Dio con Questo Libro

Lode e adorazione dare te accesso speciale a Dio. La fede di Davide fu incrollabile come ha affrontato una battaglia dopo l'altra, perché sapeva come a cercare il volto e la mano di Dio con la lode e adorazione. La Bibbia ci dice che egli sempre trovato favore con Dio, e trionfò su tutti i suoi nemici, grandi e piccoli.

Se si trovano in una situazione difficile e non avere indizi sui modi per uscirne, due cose che dovrebbero venire in mente sono: la Parola di Dio (Sue promesse a voi), e come meglio a lodare e adorare Lui a invocano il Suo intervento. Sarete sorpresi del risultato. Ad esempio, se si sono gravati con un sacco e la tua mente non è a riposo, concentrarsi sulla sezione di questo libro che rivela capacità di Dio di darvi la pace. Egli è Jehovah Shalom - il Signore nostra pace, l'Autore della pace, e il Principe della Pace. Lodatelo; invocano su Lui con quei Nomi e Titoli, e applicare i Suoi Attributi a la vostra situazione.

Una Testimonianza - *Anni fa, come Dio stava prendendo me superiore sulla scala spirituale, il diavolo ha visto dove ero diretto e la loro schiusa piani per distruggere me. Io aveva una principali prova e quasi perso tutto quello che avevo, compreso uno dei miei bambini. Ho pregato e digiunato per molto tempo, ma notato solo lieve miglioramento nella mia situazione. Non sapevo molto della potenza della lode e adorazione al il tempo, anche se ero un guerriero preghiera. Una notte, mi sono svegliato a pregare come al solito, ma deciso per lodare e adorare Dio. Pochi giorni dopo, la mia vita cambiata completamente.*

Se tu sei in una situazione difficile o no, lodando Dio deve essere il più come normale per te, come prendendo un respiro. Dio ha fatto così tanto per te, che non si può mai ripagarlo per, ma si può dare a Lui lode. Fanno un punto di dedicare qualche tempo a lodare Dio su una base quotidiana. Dio ama a comunione con noi regolarmente su un livello intimo e gode la nostra espressione di lode, tanto è vero, che la Bibbia dice che Egli abita le lodi del Suo popolo (Salmi 22:3).

Ci sono tre tipi di lode che possiamo offrire utilizzando i Nomi, i Titoli e gli Attributi di Dio. Loro sono: Sacrificio di Lode; Lode di Ringraziamento; e Lode Profetica.

I.   Sacrificio di Lode

Sacrificio di Lode è offerto a apprezzare Dio per il Suo amore, la misericordia, la grazia e la salvezza. Si è offerto anche come riconoscimento del Suo potere, gloria, fedeltà, perfezione, rettitudine e tutti gli altri Attributi che rappresentano Lui come il solo vero Dio. Quando noi offrire un Sacrificio di Lode, noi proclamare la nostra fede in Dio, e ricordare a noi stessi della Sua grandezza. La nostra fede è quindi aumentato, i nostri cuori sono alleggerito, e il nostro cuore sono pieno di amore per Lui.

Alcuni possono pensare che offrendo un Sacrificio di Lode è la stessa come Ringraziamento, ma c'è una differenza. Ringraziamento è riconoscimento di ciò che Dio ha fatto per noi o che cosa ci aspettiamo Lui di fare, ma un Sacrificio di Lode è offerto in buoni e tempi cattivi, senza necessariamente aspettarsi nulla in cambio. L'attenzione è su Dio - nulla è richiesta, e nulla è atteso. Questo non vuol dire che Dio non ricambiare favorevolmente quando noi offrire un Sacrificio di Lode, ma il movente non dovrebbe essere, a aspettarsi una benedizione in ritorno, da qui il termine 'Sacrificio' è usato. Reciprocità della nostra Sacrificio di Lode con benedizioni, è la prerogativa di Dio. Quando Paolo e Sila furono imprigionati, hanno lodato Dio nonostante la loro situazione e ricevuto un sfondamento. Loro catene sono state allentate e le porte della prigione furono miracolosamente aperto (Atti 16.25-31).

Offrendo un Sacrificio di Lode crea un'atmosfera appropriata per la presenza di Dio. Essa porta giù la Sua gloria perché Egli ama essere lodato e gode di essere in compagnia della Sua amata. Ogni essere vivente è comandato di lodare Dio (Salmi 150:6). Il Signore detto che se noi non lodiamo Lui, Egli può sollevare pietre per fare così (Luca 19:37-40). La Bibbia dice anche tutto quello creato da Dio loda Lui (Salmi 148:7-13): il sole, la luna e le stelle lodarlo (Salmi 148:3), e gli angeli lodarlo (Salmi 148:2). Anche l'ira degli uomini loda Dio (Salmi 76:10), perché loro malvagità chiamate per la manifestazione della Sua potenza salvifica a consegnare gli oppressi, e i prigionieri.

Se siete in cerca di il volto di Dio e nel bisogno di comunione con Lui, Sacrificio di Lode, è il tipo più efficacia di lode per offrire.

II.   Lode di Ringraziamento

Lode di Ringraziamento è offerta non solo per esprimere apprezzamento a Dio per quello che ha fatto riguardante una situazione, ma per ringraziare anche Lui in anticipo per quello in cui credi Egli sta per fare per te. La Bibbia dice che dovremmo rendere grazie in ogni cosa (1 Tessalonicesi 5:18). Lode di Ringraziamento rilascerà nostra fede e trasformare nostre sfide in benedizioni.

Dobbiamo ringraziare Dio per le Sue benedizioni e continuano ad essere grati in aspettativa di più. Quando Gesù guarita dieci lebbrosi, solo uno di loro è tornato a ringraziarLo. Il lebbroso ha dato lode a Gesù con un gran voce; egli cadde ai Suoi piedi, e lo ha ringraziato. Egli ricevuto più benedizioni perché egli aveva un cuore grato. Mentre gli altri nove ricevuto la guarigione nei loro corpi, egli ricevette la guarigione nel suoi corpo e l'anima (Luca 17:11-19).

Offrire Lode di Ringraziamento a il Signore in tutti tempi. Ci sarà sempre un motivo per ringraziare Lui, per la Sua misericordia dura in eterno. Quando Dio è stato buono con te, offrirgli lode. Quando si è in una situazione difficile e non sai cosa fare, lodare il Signore. Tutto ciò che accade nella tua vita dovrebbe essere un soggetto di gratitudine, per tutte le cose funzionano insieme per il bene di coloro che amano Dio (Romani 8:28).

III.   Lode Profetica

Lode Profetica, è una chiamata a Dio per aiuto. Esso è offerto quando uno ha esigenze specifiche, quali: guarigione, liberazione, la vittoria in guerra spirituale, o questioni di vita o di morte. Si può lodare la tua via d'uscita delle tempeste impetuose della vita con Lode Profetica. Quando lodi salire, benedizioni scendono; Dio sarà allora fare cambiamenti nella vita del Suo popolo. I destinatari delle Sue benedizioni sono guarite e consegnati dalle catene di satana; gioghi sono rotte, e giudizio è servito.

Il Libro dei Salmi ci dice come David usato il potente arma di lode per ricevere atti di liberazione. David formata un legame speciale con Dio, chiamando Lui Nomi come, 'La mia Forte Torre', ' Il mio Pastore', 'Il mio Rifugio', 'Il mio Liberatore', 'Colui che solleva la mia testa', 'Mia Gloria' e molto altro. Egli anche costantemente espresso apprezzamento per gli Attributi di Dio con canti di lode. Non c'è da meravigliarsi, allora, che egli sempre trovato favore con Dio.

Quando non si può mettere cibo sul tavolo e tu confessare Dio come vostro Molto Presente Aiuto e Il Grande Fornitore, esso significa che hai esaltato Lui come Colui che dà il cibo a ogni carne (Salmi 136:25). In questo, tu riconoscete che coloro che Lo cercano mancanza niente di buono (Salmi 34:10). Egli è fedele a dare ascolto alla tua richiesta di aiuto.

Nomi di Dio, Titoli e Attributi contenere promesse per coloro che Lo cercano. Quando si offrono Lode Profetica e confessare la tua fiducia in Dio nonostante difficoltà, esso significa che hai espresso fiducia nel Suo potere di portare ti fuori della vostra situazione. La Parola di Dio è per sempre stabilito in cielo (Salmi 119:89). Egli è impegnato a appagante la Sua Parola perché Egli è un Dio fedele.

Perché Lode Potrebbe Essere Respinta

Lode dovrebbe essere offerto per amore per Dio, e con un cuore disposto, in caso contrario esso può essere respinta. Lode dovrebbe mai essere offerto in un maniera che è ipocrita, in disgusto, o con la noia. La Bibbia ci dice che Dio vede i nostri cuori e conosce i nostri pensieri (1 Cronache 28:9). Assicurare che offrite la lode a Dio con un cuore perfetto, sinceramente, allegramente e liberamente. Lode poteva anche essere respinta per i seguenti motivi:

25

- Una persona non ha conoscenza di Dio.

- Lode è non spirito- basato.

- Frasi usate in lode contraddicono la Parola di Dio, o le Sue promesse.

- Lode è offerto per le ragioni sbagliate.

- Lode è offerto con un cuore impenitente.

- Lode è egoista e vanitoso.

- Lode manca l'atteggiamento di profondo rispetto.

Pregando con Questo Libro

C'è un grande potere nella parola parlato. Assicurarsi che non si sta solo leggendo la Parola, ma anche confessando si a esistenza. Ebrei 4:12 dice che la Parola di Dio è rapido, potente, e più tagliente di una spada a doppio taglio. In Geremia 23:29, Dio paragonato la Sua Parola ad masterizzazione fuoco e un martello che rompe rocce in pezzi. Tu aggiungere potenza alla tua preghiera quando si porta la Parola di Dio dentro esso. Tu anche venite in accordo con Lui quando tu pronunciare le Sue promesse nella tua preghiera.

Quando si usare i Nomi, Titoli e Attributi di Dio nella preghiera, sei dimostrando profondo rispetto per Lui, apprezzamento per chi Egli è, e quanto tu fidi Lui ad intervenire nella vostra situazione. Ebrei 5:7 dice che quando Gesù era sulla terra, Egli offrì preghiere e suppliche con forti grida e lacrime a Quello che potevano salvarLo da morte, e Lui è stato sentito a causa della sua profonda venerazione per Dio. Il Libro dei Salmi anche afferma che, David spesso basato le sue petizioni e richieste a Dio su quello che Lui sapeva essere vero della Sua natura, per ottenere la Sua attenzione.

Per cercare il tocco di Dio su una situazione, chiamare i Nomi, Titoli, e Attributi con quale tu bisogno Lui per rivelare se stesso a te, con fede e un puro cuore. Per esempio, se avete bisogno di invocare il potere di Dio di fornire per te, chiamare su di Lui come Jehovah Jireh - il Signore che fornisce. Avvicinare il Suo trono di grazia con il potere in quel Nome, e collocare una richiesta a Lui. Iniziare da lodando Lui, e poi pregare. Esso è molto importante che tu chiude la tua preghiera con ringraziamento, in previsione di ciò che Dio sta per fare per te. Quando ricevete le vostre benedizioni con ringraziamento prima di vederli, si sta dicendo Dio che tu credi che ha risposto le vostre preghiere perché vi fidate di Lui, e sapere che Egli ha il potere di fare tutte le cose.

Profetizzando sopra tua Vita o una Situazione con Questo Libro

Quando le tempeste della vita ci ha colpito, la nostra difesa è la Parola di Dio. La Sua Parola, che è anche chiamata La Spada dello Spirito è la vostra arma offensiva contro i nemici interni ed esterni (Efesini 6:13-18). Esso è un'arma devi imparare a usare. Una volta che si sono conosciuti nel regno delle tenebre per essere un utente abile della Parola di Dio, la tua vita diventerà una zona esso non può governare.

Gesù ha usato nessun potere miracoloso per superare le tentazioni di satana nel deserto, sebbene Lui potrebbe avere fatto così. Egli semplicemente usato la Parola (Matteo 4:1-11). Come un seguace di Cristo, tu avere anche il potere di usare la Parola a vostro vantaggio. Per rimanere vittorioso, coltivare la abitudine di usare la Parola per rispondere a tutte le accuse del nemico.

Noi prendere autorità su una situazione, per mezzo di dichiarando le promesse di Dio a noi su di esso, con fede. Come figli adottivi di Dio, qualsiasi noi pronunciare nel fede è stabilite, fintanto che stiamo vivendo a destra con Lui. Usare i Nomi, Titoli e gli Attributi di Dio per profetizzare sopra tua vita, o una situazione, per portare le promesse inerenti in esse a adempimento.

Individuare i versi di questo libro che si applicano alla vostra situazione. Meditare su i versi, e poi pronunciare esse sopra la vostra situazione. Se è necessario il tocco di Dio sui tuoi affari, carriera, o ministero per esempio, scegliere versetti che rivelano Dio come Colui che compie meraviglie (Salmi 136:4), e accelera tutte le cose (1 Timoteo 6:13). Dichiarare questi Attributi di Dio sopra ciò che è morto nella tua vita, e profetizzare, che: poiché Dio dà vita ai morti e chiama le cose che non sono come se fossero (Romani 4:17), Egli ha fatto rivivere i tuoi affari, carriera, o ministero.

La Bibbia dice che la morte e la vita sono in potere della lingua (Proverbi 18:21). Se tu costantemente pronunciare l'espressione scritta di Dio sopra la vostra situazione con autorevolezza e passione, esso deve sicuramente venire a passare.

Memorizzando la Parola

Garantire che voi imparare a memoria la Parola di Dio a rendere esso un potente strumento che è sempre a vostra disposizione. A imparare a memoria i versetti in questo libro, individuare la propria area di bisogno nel Tabella dei Contenuti. Selezionare quelle che si riferiscono a ciò che stanno attraversando o quello che si sta confidando a Dio di fare per te, quindi seguire i passi di seguito:

- Iniziare a imparare a memoria la localizzazione della parola: il libro, capitolo e i numeri di versi.

- Leggere i versi, per capire che cosa sono circa.

- Meditare su i versi, per capire la loro applicazione.

- Dire i versi parecchi tempi.

- Scrivere i versi su un blocco note e portarlo ovunque con te, in modo che si può fare riferimento a il blocco note spesso per rinfrescare la memoria. Voi inoltre possibile tenere questo libro con te in ogni momento per una facile consultazione.

Esso è importante che tu mantenere rivedere i versi. Rivedere esse almeno una volta alla settimana, e li usa regolarmente con la fede. In pochissimo tempo, sarai capace di richiamare versi dalla memoria quando hai bisogno di loro.

PARTE SECONDA

LA CREATIVITÀ,

PERFEZIONE,

E LO

SPLENDORE

DI DIO

IL CREATORE E IL POSSESSORE DEI CIELI E DELLA TERRA

Lasciate che i cieli e la terra lodare Lui; i mari e tutto ciò che si muove in loro! ~ Salmi 69:34

1. **Il Signore che mi ha fatto**
   ~Salmi 95:6

2. **Elohim - Il Creatore Eterno**
   ~ Riferimento: Genesi 1:1

3. **Il Possessore dei cieli e della terra**
   ~Genesi 14:22

4. **Il Creatore degli estremi confini della terra**
   ~Isaia 40:28

5. **Il Creatore d'Israele**
   ~Isaia 43:15

6. **Il Vasaio**
   ~Isaia 64:8

7. **Colui che formato tutte le cose**
   ~Geremia 10:16

8. **La speranza di tutte le estremità della terra e dei mari lontani**
   ~Salmi 65:5

9. **Il Creatore dei ricchi e dei poveri**
~Proverbi 22:2

10. **Mio Dio, che forma le montagne e crea il vento**
~Amos 4:13

11. **Mio Dio, che creato cielo e le cose che sono in essa e la terra e le cose che sono in essa ei mari e le cose che sono in esse**
~Apocalisse 10:6

12. **Mio Dio, che trasforma l'ombra della morte in mattina e si scurisce il giorno come notte**
~Amos 5:8

13. **Mio Dio, che fatto i grandi luminari: il sole per regnare sul giorno, e la luna e le stelle per regnare sulla notte**
~Salmi 136:7-9

14. **Mio Dio, che fabbricato tutte le cose**
~Ebrei 3:4

15. **Mio Dio, che dà la pioggia sopra la terra e manda le acque sui campi**
~Giobbe 5:10

16. **Mio Dio, che stabilito tutti i confini della terra**
~Proverbi 30:4

17. **Mio Dio, che solo disteso i cieli e calpesta le onde del mare**
~Giobbe 9:8

18. **Mio Dio, che porta fuori l'ospite stellato uno ad uno, e li chiama tutti per nome. Con la Sua grande potenza e forza possente, non uno di loro manca**
~Isaia 40:26

19. **Mio Dio, che dà il respiro al popolo sulla terra, e spirito a quelli che vi camminano in essa**
~Isaia 42:5

20. **Mio Dio, che insegna più a me che per le bestie dei campi e me rende più saggi degli uccelli del cielo**
~Giobbe 35:11

21. **Mio Dio, che zitto il mare con le porte quando è venuto fuori della matrice**
~Giobbe 38:8

22. Mio Signore che mi ha fatto e mi formata dal grembo
~Isaia 44:2

23. Mio Signore, che mi ha portato fuori dal grembo materno
~ Riferimento: Salmi 22:9

24. Mio Dio, che comandava la luce a brillare fuori dalle tenebre
~2 Corinzi 4:6

25. Mio Signore, che ha fatto l'orecchio che ascolta e l'occhio che vede
~Proverbi 20:12

26. Mio Dio che forma i cuori di tutti e considera le mie opere
~Salmi 33:15

27. Mio Dio, che ha tutto il mondo nelle Sue mani
~ Riferimento: Isaia 40:12

28. Mio Signore, Dio Onnipotente, che ha annoverati tutti i capelli di mio capo
~Matteo 10:30

29. **Mio Dio, nelle cui mani è il mio respiro**
    ~ Riferimento: Daniele 5:23

30. **Il Vasaio, che ha il potere dell'argilla del pezzo stesso, per fare un vaso ad onore e l'altro al disonore**
    ~Romani 9:21

31. **Il Creatore, che non dimentica mai la Sua creazione**
    ~ Riferimento: Isaia 49:14-15

32. **Il Creatore, che è benedetto in eterno**
    ~Romani 1:25

33. **Il mondo è Tuo, con tutto quel che contiene.**
    ~Salmi 50:12

34. **Tuo è il mare, perché Tu fatta esso; e le Tue mani formarono la terra asciutta.**
    ~Salmi 95:5

35. Tu fatto la terra, gli uomini, e gli animali che sono sulla faccia della terra con il Tuo grande potere e il braccio teso, e Tu dare esso per chiunque Tu compiacere.
~Geremia 27:5

36. I giovani leoni ruggiscono dopo la loro preda e cercano il cibo da Te.
~Salmi 104:21

37. Grandi mostri marini e abissi; fuoco e fulmine; neve e vapori; vento tempestoso, tutte obbedire Te.
~Salmi 148:7-8

38. Bestie obbedire Te.
~ Riferimento: Daniele 6:22

39. Gli uccelli del cielo obbedire Te.
~ Riferimento: 1 Re 17:4-6

40. Il pesce nel mare obbedire Te.
~ Riferimento: Giona 1:17 & 2:10

41. Il vento e il mare obbedire Te.
~ Riferimento: Matteo 8:26

42. Argento è Tuo, e l'oro è Tuo.
~Aggeo 2:8

43. **Nelle Tue mani sono i luoghi profondi della terra; le vette delle montagne sono anche Tuoi.**
~Salmi 95:4

44. **Tu possiede tutte le mie vie.**
~ Riferimento: Daniele 5:23

45. **Tu fissato tutti i confini della terra; Tu fatto l'estate e l'inverno.**
~Salmi 74:17

46. **Con Te, un giorno è come mille anni, e mille anni son come un giorno.**
~2 Pietro 3:8

47. **A Te, Signore Dio, appartengono i cieli, i cieli dei cieli, la terra, e tutto quanto essa contiene.**
~Deuteronomio 10:14

48. **Tuo è la grandezza, la potenza, la gloria, lo splendore, la maestà, poiché tutto quello che è in cielo e sulla terra è Tuo.**
~1 Cronache 29:11

49. **Tutto sotto il cielo è Tuo.**
~Giobbe 41:11

50.   **I cieli sono state fatte da Tua parola e tutto il loro esercito con il soffio della Tua bocca.**
~Salmi 33:6

51.   **Nella Tua mano è l'anima di tutto quel che vive, e lo spirito di ogni essere umano.**
~Giobbe 12:10

52.   **Tu fornire pasto per il corvo quando sua quei giovani grido a Te, e vagano senza cibo.**
~Giobbe 38:41

53.   **Tuo è il giorno, e la notte è Tua: Tu hai stabilito la luna e il sole.**
~Salmi 74:16

54.   **Il cuore dell'uomo medita la sua via, ma Tu dirigere i suoi passi.**
~Proverbi 16:9

55.   **Ci sono molti dispositivi nel cuore di un uomo, ma il Tuo piano prevale.**
~Proverbi 19:21

56. **Tu dirigi i passi di un uomo; come può chiunque poi comprendere la propria via?**
~Proverbi 20:24

57. **All'uomo appartengono i piani del cuore, ma la risposta della lingua viene da Te.**
~Proverbi 16:1

58. **Le questioni dalla morte appartengono a Te.**
~Salmi 68:20

59. **Tu guarda dal cielo; Tu vedere tutti i figliuoli degli uomini.**
~Salmi 33:13

60. **La terra è piena delle Tue ricchezze.**
~Salmi 104:24

61. **Tutte le bestie della foresta appartengono a Te; Tuo è il bestiame su mille colline.**
~Salmi 50:10

62. **Tu creato tutte le cose, e per la Tua volontà esistono e sono create.**
~Apocalisse 4:11

63. Tu imposta la terra sulle sue basi, esso non sarà spostato per sempre.
~Salmi 104:5

64. Tu stendi i cieli come una cortina, e diffonderli come una tenda per abitarvi.
~Isaia 40:22

65. Tu fatto il cieli, i cieli de cieli e tutto il loro esercito.
~Neemia 9:6

66. Tu ha fatto la terra con la Tua sapienza, e disteso i cieli con la Tua comprensione.
~Geremia 10:12

67. Tu fa crescere l'erba per il bestiame e le piante per il servizio dell'uomo, per portare il cibo dalla terra.
~Salmi 104:14

68. Tu fai tenebre ed è notte, in cui tutte le bestie della foresta sono messi in moto.
~Salmi 104:20

69.   Tu fatto ogni cosa bella al il Tuo
       tempo.
       ~Ecclesiaste 3:11

70.   Tu dato al mare il suo limite, che le
       acque non devono passare il Tuo
       comando.
       ~Proverbi 8:29

71.   Tu inviare le molle in le valli. Essi
       scorrono tra le montagne. Essi
       danno bevanda per ogni bestia del
       campo; gli asini selvatici
       dissetarsi.
       ~Salmi 104:10-11

72.   Tu fanno lampi e pioggia, e portare
       il vento da i Tuoi depositi.
       ~Geremia 10:13

73.   Tu annaffia le colline dalla vostra
       camere superiori; la terra è
       soddisfatto con il frutto delle Tue
       opere.
       ~Salmi 104:13

74.   Tu formo la luce, e creare le
       tenebre.
       ~Isaia 45:7

75. Il Signore, che porta la morte e rende vivo
~1 Samuele 2:6

76. È fare la pace e creare le avversità.
~Isaia 45:7

77. Tu mettono giù alla tomba, e e far apparire.
~1 Samuele 2:6

78. Tu, a cui devo dare conto.
~Ebrei 4:13

79. In Te, vivo e spostare e avere il mio essere.
~Atti 17:28

80. Tu rendere il Tuo sole per salire sul male e il bene.
~Matteo 5:45

81. Tu inviare pioggia sui giusti e gli ingiusti.
~Matteo 5:45

82. Tu conservare l'uomo e la bestia.
~Salmi 36:6

83. **Tu fatto ogni cosa per uno scopo; anche l'empio, per il dì della sventura.**
~Proverbi 16:4

84. **Tu domini l'orgoglio del mare; quando le sue onde s'innalzano, Tu ancora loro.**
~Salmi 89:9

85. **Tu conosco tutti gli uccelli del monti, e le bestie selvagge del campo sono Tuo.**
~Salmi 50:11

86. **Creatore fedele**
~1 Pietro 4:19

Benedetto essere il Suo glorioso Nome ancora eternamente, e tutta la terra è riempita con la Sua gloria. Amen, Amen ~ Salmi 72:19

87.   Re di Gloria
~Salmi 24:10

88.   Signore Glorioso
~Isaia 33:21

89.   La Gloria della mia forza
~Salmi 89:17

90.   La Luce d'Israele
~Isaia 10:17

91.   Mio Dio, che è coperto con luce come con un indumento
~Salmi 104:2

92.   Mio Signore, il cui capo e dei capelli son bianchi come candida lana, bianchi come neve
~Apocalisse 1:14

93.   Mio Signore, cui piedi son come terso rame
~Apocalisse 2:18

94. **Mio Signore, cui occhi son come fuoco ardente**
~Apocalisse 19:12

95. **Mio Signore, che ha molte corone Sul capo**
~Apocalisse 19:12

96. **Mio Dio, che abita una luce inaccessibile**
~1 Timoteo 6:16

97. **Mio Dio, i cui treno della Sua veste riempie il tempio**
~Isaia 6:1

98. **È Tua gloria per nascondere una cosa: la gloria dei re è quello di cercarlo.**
~Proverbi 25:2

99. **I cieli, e i cieli dei cieli, non può contenere Te.**
~2 Cronache 2:6

100. **I cieli raccontano la Tua gloria e il firmamento annunzia l'opera delle le Tue mani.**
~Salmi 19:1

101. Chi è pari a Te fra gli dèi, o
Signore? Chi è pari a Te, mirabile
in Santità!
~Esodo 15:11

102. Tua gloria coperture i cieli, e la
terra è piena della Tua lode.
~Abacuc 3:3

103. Tua maestà è sopra la terra e il
cielo.
~Salmi 148:13

104. Tu rendere delle nuvole il Tuo
carro, e cavalcare sulle ali del
vento.
~Salmi 104:3

105. Tu sei illustre e più potente che i
monti dei predatori.
~Salmi 76:4

106. Tutta la terra è piena della Tua
Gloria!
~Isaia 6:3

PARTE TERZA

L'INFINITÀ
DI
DIO

IL DIO AUTOESISTENTE

Ascoltami, o Giacobbe, e tu, Israele, che io ho chiamato. Io son Colui che è; io sono il primo, e son pure l'ultimo." ~ Isaia 48:12

107.   "IO SONO COLUI CHE IO SONO"
~Esodo 3:14

108.   "IO SONO"
~Esodo 3:14

109.   JEHOVAH YAHWEH
~Esodo 6:3

110.   Il Primo e l'Ultimo
~Isaia 48:12

111.   Il Principio e la Fine
~Apocalisse 22:13

112.   L'Alfa e l'Omega
~Apocalisse 22:13

113.   Il Re, Invisibile
~1 Timoteo 1:17

114.   Il Signore del cielo e della terra che non dimora in templi fatti con mani
~Atti 17:24

115. **Un Dio che nasconde Se Stesso**
~Isaia 45:15

116. **Mio Dio, cui nessun uomo ha veduto né può vedere**
~1 Timoteo 6:16

117. **Mio Signore, che non è servito da mani d'uomini; come se avesse bisogno di alcuna cosa**
~Atti 17:25

118. **Mio Dio, che riempie il cielo e la terra**
~Geremia 23:24

119. **Mio Dio, che riempie tutto in ogni modo di completamento**
~Efesini 1:23

120. **Prima che le montagne sono state portate avanti, e Tu era formata la terra e il mondo, persino da eternità in eternità, Tu sei Dio.**
~Salmi 90:2

121. **Tu sei il Signore, e non c'è nessun altro. Non non c'è nessun Dio oltre a Te.**
~Isaia 45:5

122. **Tu sei prima di tutte le cose, e tutte le cose si svolgono in Te.**
~Colossesi 1:17

123. **Tu opera tutte le cose in conformità con lo scopo di Tua volontà.**
~Efesini 1:11

124. **Prima di Te, non c'era nessun Dio formata; non ci sarà nessuno dopo di Te.**
~Isaia 43:10

IL DIO IMMUTABILE

*Or al re dei secoli, immortale, invisibile, solo Dio,
siano onore e gloria nei secoli dei secoli. Amen.
~ 1 Timoteo 1:17*

125. El Olam - Il Dio della Eternità
~Genesi 21:33

126. Jehovah Shammah - Il Signore, che è quivi
~Ezechiele 48:35

127. L'Antico dei Giorni
~Daniele 7:22

128. Il Re Eterno
~Geremia 10:10

129. Il Dio Vivente
~Daniele 6:26

130. L'Incorruttibile Dio
~Romani 1:23

131. La Sorgente d'acqua viva
~Geremia 2:13

132. La mia Luce Eterna
~Isaia 60:20

133. **Il Re, Immortale**
~1 Timoteo 1:17

134. **Il Padre delle luci con cui è vi non mutamento, né ombra di tornitura**
~Giacomo 1:17

135. **Mio Dio che è, che era, e che è a venire**
~Apocalisse 1:8

136. **Mio Dio, che sussiste in eterno**
~Daniele 6:26

137. **Il Tuo regno non sarà mai distrutto.**
~Daniele 6:26

138. **Il Tuo Dominio durerà sino, alla fine.**
~Daniele 6:26

139. **Il Tuo trono è stato stabilito molto tempo fa.**
~Salmi 93:2

140. **Il Tuo Nome è sempre.**
~Isaia 63:16

141. **Il Tuo trono dura da età in età.**
~Lamentazioni 5:19

142.   Tu sei da eterno.
~Salmi 93:2

143.   Tu sei Il Signore; Tu non cambia.
~Malachia 3:6

144.   Tu vive secoli dei secoli.
~Apocalisse 4:10

PARTE QUARTA

LA
SUPREMAZIA
DI
DIO

Il Signore ha stabilito il Suo trono in cielo, e il Suo regno governa su tutto. ~ Salmi 103:19

145. El Elyon - il Dio Altissimo
~Genesi 14:20

146. Dio nel luoghi altissimi
~Luca 2:14

147. Adonai - Sovrano Signore e Maestro
~Genesi 15:2

148. Il Sovrano dei re della terra
~Apocalisse 1:5

149. Il Re Supremo su tutta la terra.
~Salmi 47:2

150. RE dei re, e SIGNORE dei Signori
~Apocalisse 19:16

151. Re dei santi
~Apocalisse 15:3

152. Re del Cielo
~Daniele 4:37

153. **Il Signore, mio Re**
~*Isaia 33:22*

154. **Un Grande Re sopra tutti gli dèi**
~*Salmi 95:3*

155. **Maestà nel luoghi altissimi**
~*Ebrei 1:3*

156. **Il Governatore tra le nazioni**
~*Salmi 22:28*

157. **Un Grande Re**
~*Malachia 1:14*

158. **L'Alto, e l'eccelso, che abita l'eternità**
~*Isaia 57:15*

159. **Il Dio altissimo, che le regole nel Regno degli uomini, e nomina su essa, chiunque Egli desideri**
~*Daniele 5:21*

160. **Il Re, che dà le direttive ai re**
~ *Riferimento: 1 Samuele 15:2-3*

161. **Mio Dio, che è superiore al la più alta**
~*Ecclesiaste 5:8*

162. Mio Dio, che sta assiso sul globo della terra, e gli abitanti d'essa son per Lui come locuste
~Isaia 40:22

163. Mio Dio, che calpesta gli alti luoghi della terra
~Amos 4:13

164. Mio Dio, che siede sul trono su alto
~Salmi 113:5

165. Mio Signore, che regna
~Salmi 99:1

166. Mio Dio, che ha posta la Sua maestà nei cieli
~Salmi 8:1

167. Mio Signore, che è alto, e molto elevato
~Isaia 6:1

168. Mio Dio, chi lavora in me, alla volontà e fare secondo il Suo buon piacere
~Filippesi 2:13

169. Chi è come Te Signore, tra gli esseri celesti?
~Salmi 89:6

170. Non vi è autorità se non da Te; e le autorità che esistono, sono ordinate da Te.
~Romani 13:1

171. Il cielo è il Tuo trono, e la terra è lo sgabello della Tue piedi.
~Isaia 66:1

172. Il Tuo Nome solo, è esaltato.
~Salmi 148:13

173. Il cuore del re è nella Tua mano, come i fiumi di acqua: Tu gira lo ovunque Tu desidera.
~Proverbi 21:1

174. Come i cieli sono più al di sopra della terra, così sono le Tue vie superiore al mio, e i Tuoi pensieri superiore al mio.
~Isaia 55:9

175. Tuo, o Signore, è il regno; Tu sei esaltato come sovrano al disopra di tutte le cose!
~1 Cronache 29:11

176. Tu sei il più eccelso dei re della terra.
~Salmi 89:27

177. Tu sei rivestito di maestà
~Salmi 93:1

178. Tu stabilire il Tuo trono nei cieli, e Tuo regno governa su tutto.
~Salmi 103:19

179. Tu sei l'Altissimo su tutta la terra.
~Salmi 97:9

180. Tu versare il disprezzo su nobili e indebolire la cintura del potente.
~Giobbe 12:21

181. Tu rendere nazioni, grandi, e distruggere loro.
~Giobbe 12:23

182. Tu ingrandire nazioni, e disperdere loro.
~Giobbe 12:23

183. Tu sei Dio, e non un uomo.
~Osea 11:9

184. Tu agire come Tu vuole, con l'esercito del cielo e con gli abitanti della terra.
~Daniele 4:35

185. Tu rimuovere i re, e altresì li stabilire.
~Daniele 2:21

186. Tu interrompe lo spirito dei governanti.
~Salmi 76:12

187. Tu sei temuti da re della terra.
~Salmi 76:12

188. Tu inviare il Tuo ordini a la terra; la Tua parola corre molto veloce.
~Salmi 147:15

189. Tu ridurre principi a nulla, e riducono i giudici della terra a nulla.
~Isaia 40:23

190. Tu versate il disprezzo su principi e li inducono andare errando in luoghi deserti, ove non vi è via alcuna.
~Salmi 107:40

191. Tu appartare la uno Tu ami, per Te stesso.
~Salmi 4:3

192. Tu sei vestito di splendore e di maestà.
~Salmi 104:1

193. Tu mandare i sacerdoti, a piedi nudi, e rovesciare i potenti.
~Giobbe 12:19

194. Tu condurre i consiglieri, spogliati, e fare gli sciocchi dei giudici.
~Giobbe 12:17

195. Tu abitare su alto.
~Isaia 33:5

196. Tu siede in trono sul diluvio; in effetti, Tu siede come Re per sempre.
~Salmi 29:10

197. Tu solo sei Signore.
~Neemia 9:6

198. Il Tuo Nome è magnifico in tutta la terra.
~Salmi 8:1

199. Tu sei Re per sempre e sempre.
~Salmi 10:16

Tu credi che Iddio è un solo; ben fai; i demoni lo credono anch'essi, e tremano. ~ Giacomo 2:19

200. Jehovah Eloheenu - Il Signore, Mio Dio
~Salmi 99:5

201. Jehovah Sabaoth - Il Signore degli eserciti
~1 Samuele 17:45

202. Il Signore
~Isaia 43:15

203. La Altissimo sopra tutta la terra
~Salmi 83:18

204. Il Dio del cielo
~Apocalisse 16:11

205. Il Dio di tutte le famiglie d'Israele
~Geremia 31:1

206. Il Dio della mia vita
~Salmi 42:8

207. Il Dio d'ogni carne
~Geremia 32:27

208. **Il Dio degli spiriti d'ogni carne**
~Numeri 27:16

209. **Il Dio d'ogni grazia**
~1 Pietro 5:10

210. **Il Dio degli dèi**
~Salmi 136:2

211. **Il Dio delle schiere d'Israele**
~1 Samuele 17:45

212. **Il Signore Dio degli spiriti dei profeti**
~Apocalisse 22:6

213. **Il Dio d'Abrahamo, Il Dio d'Isacco e Il Dio di Giacobbe**
~Esodo 3:6

214. **Il Dio d'Elia**
~2 Re 2:14

215. **Il Dio di Daniele**
~Daniele 6:26

216. **Dio della speranza**
~Romani 15:13

217. **Il Dio della mia salvezza**
~Salmi 68:19

218. **Il Dio di tutta la terra**
~Isaia 54:5

219. **Mia Porzione per sempre**
~ Riferimento: Salmi 73:26

220. **Mia Porzione nella terra dei viventi**
~ Riferimento: Salmi 142:5

221. **Dio della mia Misericordia**
~ Riferimento: Salmi 59:10

222. **Il Dio di tutti i Comfort**
~2 Corinzi 1:3

223. **Il Dio d'Israele, che è sopra i cherubini!**
~Isaia 37:16

224. **Il Dio dell'Amore**
~2 Corinzi 13:11

225. **Il Dio della Pace**
~2 Corinzi 13:11

226. **Il Dio della Pazienza**
~Romani 15:5

227. **Il Dio della Consolazione**
~Romani 15:5

228. **Il Signore mio Dio, Unico Signore**
~Deuteronomio 6:4

229. **Signore di tutti**
~Atti 10:36

230. **Il Dio della mia Lode**
~ Riferimento: Salmi 109:1

231. **Il Signore della Mèsse**
~Matteo 9:38

232. **Il Vignaiuolo**
~Giovanni 15:1

233. **Benedetto Dio**
~1 Timoteo 1:11

234. **La mia Grandissima Ricompensa**
~Genesi 15:1

235. **Mio Signore, che chiama il Suo popolo per nome**
~Isaia 43:1

PARTE QUINTA

LA

SANTITÀ

E LA

PUREZZA

DI DIO

E la mia lingua deve parlare di la Tua giustizia e la Tua laude, tutto dì. ~ Salmi 35:28

236. Jehovah Tsidkenu - Il Signore mia Giustizia
~Geremia 23:6

237. Un Dio Giusto
~Isaia 45:21

238. Il Sole della Giustizia
~Malachia 4:2

239. Il Signore Giusti che ama giustizia
~Salmi 11:7

240. I Giusti Uno che livelli il percorso dei giusti.
~Isaia 26:7

241. Mio Santo Uno
~Isaia 43:15

242. Tu mantenere la i sentieri della rettitudine e preservare il via dei Tuoi santi.
~Proverbi 2:8

243. Mio Dio, che è adira ogni giorno con il malvagio
~Salmi 7:11

244. Mio Dio, che non ha piacere nell'empietà; né fa male dimorare con Lui
~Salmi 5:4

245. Il mio Signore, che maledice la casa dell'empio, ma benedice la dimora dei giusti
~Proverbi 3:33

246. Mio Signore, cui giudizi sono verità e giusti complessivamente; di più a desiderare che oro, anzi più di molto oro finissimo, più dolce del miele e favi
~Salmi 19:9-10

247. Mio Dio, che guarda il cuore e diletta nel rettitudine
~1 Cronache 29:17

248. Mio Signore che è buono e retto, e insegna peccatori in la via
~Salmi 25:8

249. Mio Dio che è luce, e in Lui non è tenebra a tutti
~1 Giovanni 1:5

250. Mio Dio i cui orecchie non sono pesanti che Lui non può sentir
~ Riferimento: Isaia 59:1

251. Santo è il Tuo Nome.
~Luca 1:49

252. Non vi è alcuna ingiustizia in Te.
~Salmi 92:15

253. Le Tue orecchie sono attenta per la supplica dei giusti.
~1 Pietro 3:12

254. La Tua giustizia è come le montagne imponenti.
~Salmi 36:6

255. Le Tue vie sono giuste: i giusti camminare in loro, ma i trasgressori cadranno ni loro.
~Osea 14:9

256. Quel che è eccelso fra gli uomini, è abominazione dinanzi a occhi Tuoi.
~Luca 16:15

257. **Tu arte degli occhi più puri rispetto alla ecco il male.**
~Abacuc 1:13

258. **Il Tuo lavoro è perfetto.**
~Deuteronomio 32:4

259. **La Tua destra mano è piena di giustizia.**
~Salmi 48:10

260. **I Tuoi occhi sono sui giusti.**
~1 Pietro 3:12

261. **Il sacrifizio degli empi è in abominio a Te, ma la preghiera degli uomini retti gli è il Tuo piacere.**
~Proverbi 15:8

262. **Lo scettro del Tuo regno è uno scettro di drittura.**
~Salmi 45:6

263. **Menzogne le labbra sono un abominio per Te, ma quelli che agiscono con sincerità sono il Tuo piacere.**
~Proverbi 12:22

264. Colui che giustifica l'empio e chi condanna il giusto, sono entrambi un abominio a Te.
~Proverbi 17:15

265. I pensieri malvagi sono un abominio a Te, ma le parole della benevole sono piacevoli a Te.
~Proverbi 15:26

266. I Tuoi occhi preservare conoscenza, ma Tu rendere vane le parole di al trasgressore.
~Proverbi 22:12

267. I Tuoi precetti sono giusti, dando gioia al cuore.
~Salmi 19:8

268. Il Tuo comandamento è puro, dando luce agli occhi.
~Salmi 19:8

269. Tu sei Santo.
~1 Pietro 1:16

270. Tu non sarà fare iniquità.
~Sofonia 3:5

271. Tu odi tutti gli operatori d'iniquità.
~Salmi 5:5

272. Tu non prendere gli occhi fuori giusti, ma farli sedere sul trono con i re, ed esaltare loro per sempre.
~Giobbe 36:7

273. I perversi di cuore sono un abominio per Te, ma Tu deliziare in quelli i cui modi sono irreprensibili.
~Proverbi 11:20

274. La via degli empi è un abominio per Te, ma Tu deliziare in coloro che seguono dopo la giustizia.
~Proverbi 15:9

275. Tu sei giusto e retto.
~Deuteronomio 32:4

276. Tu sei pietoso e giusto.
~Salmi 116:5

277. Il Santo Uno d'Israele
~Isaia 30:15

IL DIO FEDELE E VERACE

Anche i cieli celebrano le tue maraviglie, O Signore, e la Tua fedeltà nell'assemblea dei santi. ~ Salmi 89:5

278. **Un Dio fedele e senza iniquità**
~Deuteronomio 32:4

279. **La Via**
~Giovanni 14:6

280. **La Verità**
~Giovanni 14:6

281. **La Vita**
~Giovanni 14:6

282. **Il Solo Vero Dio**
~Giovanni 17:3

283. **Fedele e Verace**
~Apocalisse 19:11

284. **Signore, Santo e Verace**
~Apocalisse 6:10

285. **Il Vera Pane dal cielo**
~Giovanni 6:32

286. **La Vera Luce**
~Giovanni 1:9

287.   Affidabile Dio

~ Riferimento: Salmi 37:25

288.   Mio Dio, che né sonnecchia né dorme

~ Riferimento: Salmi 121:4

289.   Mio Dio, che mantiene patto e la misericordia verso i Suoi servi che camminano in la Sua presenza con tutto il loro cuori

~1 Re 8:23

290.   Il Fedele Dio, che mantiene il Suo patto e la Sua benignità fino alla millesima generazione a quelli che l'amano e osservano i Suoi comandamenti

~Deuteronomio 7:9

291.   Mio Dio, che non ha piacere nel stolti

~Ecclesiaste 5:4

292.   Mio Dio, che conferma la parola del Suo servi, e esegue le previsioni dei Suoi messaggeri

~Isaia 44:26

293. Mio Signore, le cui parole sono pure, come argento affinato in un crogiuolo di terra, purificato sette volte
~Salmi 12:6

294. Le opere delle Tue mani sono verità e giustizia.
~Salmi 111:7

295. Quello che dici, Tu sara portare di adempimento.
~Isaia 46:11

296. Quello che hai proposto di fare, Tu fare.
~Isaia 46:11

297. La Tua parola permane in eterno.
~1 Pietro 1:25

298. La Tua parola è una lampada al i miei piedi ed una luce sul mio sentiero.
~ Riferimento: Salmi 119:105

299. La Tua via è perfetta.
~Salmi 18:30

300. La Tua testimonianza è verace,
esso rende savio il semplice.
~Salmi 19:7

301. La Tua testimonianza è più grande
che la testimonianza degli uomini.
~1 Giovanni 5:9

302. Il Tuo comandamento è vita eterna.
~Giovanni 12:50

303. I Tuoi consigli, di vecchio, sono
fedele e stabili.
~Isaia 25:1

304. La Tua parola è in perpetuo stabile
nei cieli.
~Salmi 119:89

305. Quelli che cercano Te presto,
trovare Te.
~Proverbi 8:17

306. La Tua legge è perfetta, ravvivando
l'anima.
~Salmi 19:7

307. Tu sei non un uomo, che Tu
dovrebbe mentire, né un figlio
d'uomo, che Tu dovrebbe pentirsi.
~Numeri 23:19

308. **Tu sara non violare Tuo patto, o alterare cio che uscito dalle le Tue labbra.**
~Salmi 89:34

309. **Tu rendi Te stesso noto a i Tuoi profeti attraverso visioni e sogni.**
~Numeri 12:6

310. **Tu proclamare cose nuove prima loro manifestarsi.**
~Isaia 42:9

311. **Tu ricorda Tuo patto per sempre.**
~Salmi 111:5

312. **Tu sei presso a tutti quelli che Te invocano; a tutti quelli che Te invocano in verità.**
~Salmi 145:18

313. **Tu sei non ritarda riguardo la tua promessa, come alcuni lassismo di conteggio.**
~2 Pietro 3:9

314. **La Tua fedeltà raggiunge al le nuvole.**
~Salmi 36:5

PARTE SESTA

LA GRANDEZZA

DELLA POTENZA

DI

DIO

DIO IMPRESSIONANTE

Poiché Il Signore è grande e degno di sovrana lode;
Egli è tremendo sopra tutti gli dèi. ~ Salmi 96:4

315. **Un Fuoco Consumante**
~Ebrei 12:29

316. **Il Dio grande, forte e terribile, che regardeth non persone, né taketh ricompensa**
~Deuteronomio 10:17

317. **Il Terrore d'Isacco**
~Genesi 31:42

318. **Il Dio della gloria che tuona!**
~Salmi 29:3

319. **Mio Signore Dio, che solleva il mare e le sue onde ruggire**
~Isaia 51:15

320. **Mio Signore, che ha la spada acuta a due tagli**
~Apocalisse 2:12

321. **Mio Dio, che cavalca sui cieli dei cieli**
~Salmi 68:33

322. **Mio Dio, che tuona con la Sua voce potente**
~Salmi 68:33

323. **Il Signore Dio degli eserciti, che tocca la terra e si scioglie, e tutti i suoi abitanti piangere**
~Amos 9:5

324. **Mio Dio che ha racchiuse l'acque nella un veste**
~Proverbi 30:4

325. **Mio Dio che percuote**
~Ezechiele 7:9

326. **Mio Dio, che guarda la terra, ed essa trema**
~Salmi 104:32

327. **Mio Dio, che fa dei venti i Suoi messaggeri; delle fiamme di fuoco i Suoi ministri**
~Salmi 104:4

328. **Mio Dio, che raccolto il vento nel Suo pugno**
~Proverbi 30:4

329. Mio Dio, che può distruggere sia anima e corpo all'inferno
~Matteo 10:28

330. Mio Signore che distrugge la casa dei superbi ma rende i confini della vedova, stabili
~Proverbi 15:25

331. Mio Signore, che risponderà mediante il fuoco
~1 Re 18:24

332. La Tua voce fa fuoco fiamme sfarfallio.
~Salmi 29:7

333. La Tua voce fa tremare il deserto.
~Salmi 29:8

334. La Tua voce fa tremare il deserto di Kadesh.
~Salmi 29:8

335. La Tua voce rende la cerva a partorire.
~Salmi 29:9

336. La Tua voce è potente.
~Salmi 29:4

337. La Tua voce, strisce la foresta.
       ~Salmi 29:9

338. La Tua voce è piena di maestà.
       ~Salmi 29:4

339. La Tua voce rompe i cedri.
       ~Salmi 29:5

340. La Tua voce è come la voce di
       molte acque.
       ~Apocalisse 1:15

341. Il Tuo Nome è tremendo fra i
       pagani.
        ~Malachia 1:14

342. Il Tuo trono è come la fiamma
       ardente, e sue ruote come fuoco
       ardente.
       ~Daniele 7:9

343. Chi può reggere davanti a Te
       quando Tu sei arrabbiati?
       ~Salmi 76:7

344. La Tua ira rende tremare la terra.
       ~Geremia 10:10

345. Quando Tu tuono, ci è un rumor d'acque nel cielo.
~Geremia 10:13

346. Nazioni possono non sopportare la Tua ira.
~Geremia 10:10

347. Il Tuo furore si spande come fuoco, e le rocce sono gettati giù da Te.
~Nahum 1:6

348. Al Tuo rimprovero, O Dio di Giacobbe, carro e cavallo sono gettati in un sonno profondo.
~Salmi 76:6

349. Il Tuo nome è Santo e impressionante.
~Salmi 111:9

350. Gli uomini temono il Tuo nome da ovest, e la Tua gloria dal sorgere del sole.
~Isaia 59:19

351. Chi ha indurito se stesso contro di Te e prosperò?
~Giobbe 9:4

352. Fuoco va prima di Te, e consuma i Tuoi nemici su ogni lato.
~Salmi 97:3

353. Tu sei tremendo sopra tutti gli dèi.
~Salmi 96:4

354. Tu causare ruina su i potenti, talchè la distruzione occupa la fortezza.
~Amos 5:9

355. Tu scuoti la terra dalle sue basi, e le sue colonne tremano.
~Giobbe 9:6

356. Tu sei impressionante.
~Salmi 76:7

357. Tu sei molto temuto nell'assemblea dei santi.
~Salmi 89:7

358. Tu sei più temuto che tutti coloro che vi circondano.
~Salmi 89:7

359. Tu toccano le montagne, e loro fumo.
~Salmi 104:32

360. Tu sei impressionante nel Tuo santuario.
~ Salmi 68:35

361. Tu sei impressionante nei i Tuoi atti verso i figli degli uomini.
~ Salmi 66:5

362. Chi è pari a Te, mio Signore; tremendo nelle lodi!
~Esodo 15:11

LodateLo per le Sue gesta. LodateLo secondo la Sua somma grandezza. ~ Salmi 150:2

363. El Shaddai - Dio onnipotente, Mio Sufficienza
~Genesi 17:1

364. Il Signore Dio, Onnipotente
~Apocalisse 19:6

365. Il Potente Uno d'Israele
~Isaia 1:24

366. Un Dio grande
~Salmi 95:3

367. Un Dio geloso
~Esodo 34:14

368. Il Grande Signore, che è più degno di lode
~1 Cronache 16:25

369. Il Potente Uno di Giacobbe
~Isaia 60:16

370. L'Indiscutibile Dio
~ Riferimento: Daniele 4:35

371. Colui che sposta le montagne
~ Riferimento: Isaia 41:17-21

372. Dio, da lontano
~Geremia 23:23

373. Il Dio che non si vergogna d'esser chiamato mio Dio
~ Riferimento: Ebrei 11:16

374. Mio Dio chi non darà la Sua gloria ad un altro, né la Sua lode agli idoli
~Isaia 42:8

375. La Tua maestà è sopra Israele.
~Salmi 68:34

376. Tu sei Dio che fa miracoli.
~Salmi 77:14

377. Tu dichiara la Tua forza a Tuo popolo.
~Salmi 77:14

378. Mio Dio, che è in grado di fare superano abbondantemente soprattutto che io chiedere o pensare, secondo la potenza che opera in me
~Efesini 3:20

379. **Mio Dio, che silenzi le labbra di più eloquenti, e toglie il discernimento degli anziani**
~Giobbe 12:20

380. **Mio Dio, che abita le lodi del Suo popolo**
~ Riferimento: Salmi 22:3

381. **Mio Dio, che non è deriso**
~Galati 6:7

382. **Mio Dio che frustra i token di bugiardi e fa impazzire i rabdomanti**
~Isaia 44:25

383. **Mio Dio, che trasforma gli uomini saggi all'indietro e rende la loro conoscenza sciocco**
~Isaia 44:25

384. **Mio Signore, che fa qualunque Egli vuole in cielo e sulla terra, nei mari e tutte le loro profondità**
~Salmi 135:6

385. Mio Signore in alto, che è più forte di quanto il rumore di grandi acque, sì, che le possenti onde del mare
   ~Salmi 93:4

386. Mio Dio, che risuscita i morti
   ~2 Corinzi 1:9

387. Mio Dio, che parla dal cielo
   ~Ebrei 12:25

388. Mio Dio, che ha misericordia di chi Egli vuole avere misericordia, e indurisce chi vuole indurire
   ~Romani 9:18

389. Mio Signore, che dissipa il consiglio dei pagani a nulla
   ~Salmi 33:10

390. Mio Signore, che può rompere l'orgoglio della potenza di uomini, e rendere il loro cielo come di ferro, e loro terra come ottone
   ~Levitico 26:19

391. Mio Dio che rende le sterili feconda
   ~ Riferimento: Genesi 21:1-2; 25:21; 30:22; Giudici 13:2-3; 1 Samuele 1:19-20; Luca 1:13

392. Mio Signore, che è degno di ricever la gloria e l'onore e la potenza
~Apocalisse 4:11

393. Mio Dio, la cui forza è tra le nuvole
~Salmi 68:34

394. Mio Dio, che rende la donna sterile abitare in famiglia come una madre felice dei bambini
~Salmi 113:9

395. Grandi sono le Tue opere, Signore; essi sono ricercate da tutti quelli che si dilettano in esse.
~Salmi 111:2

396. Non c'è Dio che sia simile a Te in cielo, né quaggiù in terra!
~1 Re 8:23

397. I Tuoi piani non può essere prevenuta.
~Giobbe 42:2

398. Salvezza, e Gloria, e Potenza appartengono a Te.
~Apocalisse 19:1

399. Non c'è nulla di troppo difficile per Te.
~Geremia 32:27

400. Il Tuo Nome è grande in potenza.
~Geremia 10:6

401. La Tua lode raggiunge fino alle estremità della terra.
~Salmi 48:10

402. Potenza appartiene a Te.
~Salmi 62:11

403. Niente è impossibile con Te.
~Luca 1:37

404. Il Tuo piano resti, e Tu eseguire tutte le Tua voglia.
~Isaia 46:10

405. La Tua cammina è nel turbine e nella tempesta, e le nuvole son la polvere de i Tuoi piedi.
~Nahum 1:3

406. Cosa Tu demolire, niuno può ricostruire.
~Giobbe 12:14

407. Quando Tu imprigionare un uomo, egli non può essere rilasciato.
~Giobbe 12:14

408. **Nessuno può liberare dalla la Tua mano; Quando Tu agisce, chi può invertire?**
~Isaia 43:13

409. Senza di Te, non posso fare nulla.
~Giovanni 15:5

410. Con il Tuo potere, le mura di Gerico caddero al suono della tromba e la voce del Tuo popolo.
~ Riferimento: Giosué 6:6-20

411. Chi ha misurato le acque nel cavo della sui mano o preso le dimensioni del cielo con la spanna?
~Isaia 40:12

412. Chi ha raccolto la polvere della terra in una misura e pesava sulle montagne in scaglie e le colline in un equilibrio?
~Isaia 40:12

413. Qual dio è in cielo o sulla terra, che può fare secondo le Tue opere e dei miracoli!
~Deuteronomio 3:24

414. Chi è pari a Te fra gli dèi, o Signore!
~Esodo 15:11

415. Tutte le nazioni sono come nulla dinanzi a te, ma sono contate meno di niente e la vanità.
~Isaia 40:17

416. Tutto ciò che fai è per sempre, nulla può essere messo ad esso, o qualsiasi cosa presa da esso.
~Ecclesiaste 3:14

417. Chi può raddrizzare ciò che Tu ha fatto curvo?
~Ecclesiaste 7:13

418. Se si tratta di forza, ecco, Tu sei potente!
~Giobbe 9:19

419. Chi, nei cieli, è paragonabile Te, Signore!
~Salmi 89:6

420. Tu sei oltre la mia portata, e grande in forza.
~Giobbe 37:23

421. Tu sei rivestito di forza.
~Salmi 93:1

422. Tu sei grande in potenza.
~Giobbe 9:4

423. Grande è la Tua sapienza.
~ Isaia 28:29

424. Tu dichiarare la fine dall'inizio, e da tempi antichi le cose che non sono ancora finite.
~ Isaia 46:10

425. Tu distruggono la saggezza dei saggi, e portare a nulla la comprensione della prudente.
~1 Corinzi 1:19

426. Tu portare i disegni dei pagani a nessun effetto.
~Salmi 33:10

427. Tu sventa i disegni del furbo, sicché le loro mani non possono svolgere la loro impresa.
~Giobbe 5:12

428. Tu cancelli i rompono i di ottone, e tagliare le barre di ferro.
~Salmi 107:16

429. Tu muta i tempi e le stagioni.
~Daniele 2:21

430. Tu rendere guerre a cessare fino all'estremità della terra.
~Salmi 46:9

431. Tu sei il Signore che è il Tuo nome.
~Isaia 42:8

432. Chi è così grande un Dio come te, mio Dio!
~Salmi 77:13

433. Grande sei Tu, Signore e il Tuo potere è immenso.
~Salmi 147:5

*Il Signore è grande e molto per essere lodato, e la
Sua grandezza sono non ricercabile. ~ Salmi 145:3*

434. **Il Dio invisibile, che manifesta la
Sua potenza e grandezza per tutti
da vedere**
~ Riferimento: Esodo 7-12

435. **Mio Dio che fa grandi cose
insondabile, e meraviglie senza
numero**
~Giobbe 5:9

436. **Mio Dio, che dà vita ai morti e
chiama le cose che non sono come
se fossero**
~Romani 4:17

437. **Mio Dio, che vivifica tutte le cose**
~1 Timoteo 6:13

438. **Dio di Giacobbe, che ha
trasformato la roccia in un'acqua
stagnante e la pietra focaia in fonte
d'acqua**
~Salmi 114:7-8

439. Mio Dio, che solo fa grandi maraviglie
~Salmi 136:4

440. La Tua grandezza, nessuno può investigare.
~Salmi 145:3

441. La Tua intelligenza è imperscrutabile.
~Isaia 40:28

442. Come imperscrutabili sono i Tuoi giudizi! Tuoi modi sono incomprensibili!
~Romani 11:33

443. Chi ha preso dimensioni Tuo Spirito? O chi è stato il Tuo consigliere, a insegnare Te niente?
~Isaia 40:13

444. Nessuno sa come Tu diretto le Tue nubi, e risplendere la luce.
~Giobbe 37:15

445. Come io non conosci la via del
vento, né come si formino le ossa
in seno di una donna che è incinta,
così io non conosci l'opera di Dio,
Colui che fa tutto.
~Ecclesiaste 11:5

446. La Tua via è in mare, e il Tuo
percorso nelle grandi acque, e l
tuoi passi non sono noti.
~Salmi 77:19

447. Chi è pari a Te, di lavoro prodigi!
~Esodo 15:11

448. Tu fa non svenire, né Te fa a
crescere stanco.
~Isaia 40:28

449. Incalcolabile è il numero dei i Tuoi
anni.
~Giobbe 36:26

450. Tu solleva i poveri fuori la polvere e
i bisognosi da letame, di sedersi
con principi; con i principi del suo
popolo.
~ Salmi 113:7-8

451. Tu impostare i poveri in alto dall'afflizione, e rendere lui le famiglie, come un gregge.
~ Salmi 107:41

452. Tu imposta l'eternità nel cuore degli uomini, eppure loro non riesco a capire cosa hai fatto dall'inizio alla fine.
~Ecclesiaste 3:11

453. Tu scelto la base cose del mondo, e le cose disprezzate, e le cose che non sono, per portare a manifestarsi le cose che sono, in modo che nessuno può vantare davanti a Te.
~ 1 Corinzi 01.28-29

454. Tu scelto le cose stolte del mondo per svergognare i saggi.
~ 1 Corinzi 01.27

455. Tu scelto di coloro che sono poveri nel mondo gli occhi, a essere ricco di fede e di diventare eredi del Regno che Tu promesso a coloro che ti amano.
~Giacomo 2:5

456. **Tu ha scelto le cose deboli del mondo per svergognare le forti.**
~1 Corinzi 1:27

457. **Tu opera segni e prodigi in cielo e sulla terra.**
~Daniele 6:27

458. **Tu sostenuta gli Israeliti per quaranta anni nel deserto, i loro vestiti non erano consumati su di loro, né erano loro sandali, consumati su loro piedi.**
~Deuteronomio 29:5

459. **Tu sei grande oltre la mia comprensione!**
~Giobbe 36:26

L'ONNISCIENTE E SOLO SAGGIO DIO

Io benedirò il Signore, che mi ha dato un consiglio.
~ Salmi 16:7

460. **Il Solo Saggio Dio**
~1 Timoteo 1:17

461. **Il Signore mio Dio, che mi conduce in la via che dovrei andare**
~Isaia 48:17

462. **Il Signore, mio Dio, che mi insegna per il mio bene**
~Isaia 48:17

463. **Mio Dio, che pesa il cuore**
~Proverbi 21:2

464. **Mio Signore, che conosce i giorni del montante**
~Salmi 37:18

465. **Mio Signore, che conosce la via dei giusti**
~Salmi 1:6

466. **Mio Dio, che dichiara all'uomo qual è il suo pensiero**
~Amos 4:13

467. **Mio Signore, che dà consigli**
~ Riferimento: Salmi 16:7

468. **Mio Signore, che scruta tutti i cuori, e penetra tutte le immaginazioni e tutti i pensieri**
~1 Cronache 28:9

469. **Mio Signore, che dà la sapienza; dalla Sua bocca procedono la conoscenza e l'intelligenza**
~Proverbi 2:6

470. **Mio Dio, che accumula saggezza del suono per i giusti**
~Proverbi 2:7

471. **Mio Dio, che sa tutto, e da Lui son pesate le azioni**
~1 Samuele 2:3

472. **Mio Padre, che vede nel segreto**
~Matteo 6:4

473. **Mio Dio nel cielo, che rivela i segreti**
~Daniele 2:28

474. **Nulla in tutta la creazione è stata nascosta ai tuoi occhi.**
~Ebrei 4:13

475. Tutte le cose sono nude e scoperte dinanzi i Tuoi occhi.
~Ebrei 4:13

476. Il soggiorno dei morti è nudo Dinanzi a Te; l'abisso è senza velo.
~Giobbe 26:6

477. Fra tutti i savi delle nazioni e in tutti i loro regni non v'è alcuno pari a Te.
~Geremia 10:7

478. Saggezza e Potere, appartengono a Te.
~Giobbe 12:13

479. Consiglio e Intelligenza, appartengono a Te.
~Giobbe 12:13

480. La Tua intelligenza è infinita.
~Salmi 147:5

481. Tu rispetti non nessuno che è saggio di cuore.
~Giobbe 37:24

482. I Tuoi occhi sono in ogni luogo, osservando i malvagi e il bene.
~Proverbi 15:3

483. Nessuno può insegnare Te conoscenza , poiché Tu giudicare anche il più alto.
~Giobbe 21:22

484. Tenebre non nasconde da Te, e la notte risplende come il giorno. Tenebre e la luce sono entrambi uguali a Te.
~Salmi 139:12

485. I Tuoi Pensieri non sono i miei pensieri, né le Tue Vie sono le mie vie.
~Isaia 55:8

486. Il Tuo consiglio sussiste in perpetuo, e i disegni di il Tuo cuore, da d'età in età.
~Salmi 33:11

487. Le cose occulte appartengono al Te, Signore.
~Deuteronomio 29:29

488. Tu scopre le cose nascosto dalle tenebre, e portare alla luce cio è avvolto in ombra di morte.
~Giobbe 12:22

489. Tu conoscere quelli che si
     rifugiano in Te.
     ~Nahum 1:7

490. Tu conoscere ciò ch'è nelle
     tenebre, e la luce dimora con Te.
     ~Daniele 2:22

491. I Tuoi occhi vedere; Tue palpebre
     scrutare i figliuoli degli uomini.
     ~Salmi 11:4

492. Tu vedere, non come uomo vede.
     ~1 Samuele 16:7

493. Grande è la Tua sapienza!
     ~Isaia 28:29

494. Tu dare la sapienza ai savi, e la
     conoscenza a quelli che hanno la
     comprensione.
     ~Daniele 2:21

495. Tu sei savio di cuore.
     ~Giobbe 9:4

496. Tu guida i umile nei la giustizia e
     insegnare loro il Tua via.
     ~Salmi 25:9

497.	**Tu conoscere i segreti del cuore.**
~Salmi 44:21

498.	**Tu insegnare l'uomo che Tu teme in la via che egli deve scegliere.**
~Salmi 25:12

499.	**Tu sei perfetto in conoscenza.**
~Giobbe 37:16

PARTE SETTIMA

L'AMORE E LA

PROVVIDENZA

DI

DIO

ABBA, PADRE

Vedete, che modo d'amore il Padre ci ha dato, che
noi dovremmo essere chiamati figli di Dio.
~ 1 Giovanni 3:1

500. Mio Padre
~Matteo 6:9

501. Il Padre della Gloria
~Efesini 1:17

502. Il Vivente Padre
~Giovanni 6:57

503. Giusto Padre
~Giovanni 17:25

504. Il Padre degli spiriti
~Ebrei 12:9

505. Padre per sempre
~Isaia 9:6

506. Il Padre degli orfani
~Salmi 68:5

507. Il Padre del mio Signore Gesù Cristo
~Efesini 1:3

508. Il Padre delle misericordie
~2 Corinzi 1:3

509. Unico Dio e Padre di tutti, che è sopra tutti, fra tutti ed in tutti
~Efesini 4:6

510. Un solo Dio, il Padre, dal quale sono tutte le cose è venuto, e per il quale io vivo
~1 Corinzi 8:6

511. Mio Padre, che mi ha fatto qualificato di condividere l'eredità dei santi nel Regno della luce
~Colossesi 1:12

512. Mio padre, che mi ha comprato
~Deuteronomio 32:6

513. Mio Padre che è nei cieli, chi dà le cose buone a coloro che glielo chiedono
~Matteo 7:11

514. Come un padre è pietoso verso i suoi figliuoli, così è la Tua compassione verso quelli che temono Te.
~Salmi 103:13

515. Abba, Padre!
-Romani 8:15

IL DONO INDESCRIVIBILE

Ma grazie a Dio, che ci dà la vittoria attraverso il nostro Signore Gesù Cristo. ~ 1 Corinzi 15.57

516. **L'Inizio**
~Colossesi 1:18

517. **Il Cristo di Dio**
~Luca 9:20

518. **Cristo Gesù, Mio Signore**
~Romani 6:23

519. **Il Pane della Vita**
~Giovanni 6:35

520. **Il Pane di Dio che è disceso dal cielo e ha dato vita al mondo**
~Giovanni 6:33

521. **Il Dio Potente**
~Isaia 9:6

522. **Una Splendida Corona**
~Isaia 28:5

523. **Un Diadema d'Onore**
~Isaia 28:5

524. **L'Alba dall'alto**
~Luca 1:78

525. **L'Autore e Perfezionatore della mia fede**
~Ebrei 12:2

526. **Il Re dei Giudei**
~Marco 15:2, Matteo 2:2

527. **L'Erede di tutte le cose**
~Ebrei 1:2

528. **Gesù Cristo, Il Giusto**
~1 Giovanni 2:1

529. **Gesù il Nazareno**
~Atti 22:8

530. **Figlio del l'Altissimo**
~Luca 1:32

531. **Un Chiodo in un luogo solido**
~Isaia 22:23

532. **Il Precursore**
~Ebrei 6:20

533. **Un Patto per me**
~Isaia 42:6

534. Cristo, che è tutti in tutti
~Colossesi 3:11

535. Il Signore dei morti e dei vivente
~Romani 14:9

536. Un Raffinatore e Purificatore d'argento
~Malachia 3:3

537. Il Santo Uno di Dio
~Marco 1:24

538. Il Diletto Figliuolo di Dio
~Matteo 3:17

539. Ammirabile
~Isaia 9:6

540. Il Primogenito dei morti
~Apocalisse 1:5

541. L'Immagine del l'invisibile Dio
~Colossesi 1:15

542. Shiloh
~Genesi 49:10

543. Il Figliuol dell'uomo
~Marco 14:62

544. **Il Figlio del Dio vivente**
~Giovanni 6:69

545. **Il Figliuolo di Davide**
~Matteo 1:1

546. **Il Figliuolo di Abramo**
~Matteo 1:1

547. **Il Figliuol del Benedetto Uno**
~Marco 14:61

548. **L'Inizio della creazione di Dio**
~Apocalisse 3:14

549. **Il Unigenito Figliuolo di Dio**
~Giovanni 3:16

550. **Un Impianto di fama**
~Ezechiele 34:29

551. **Il Dono Indescrivibile di Dio**
~2 Corinzi 9:15

552. **Il Mediatore del nuovo patto**
~Ebrei 12:24

553. **Un Ramo uscirà dal tronco d'Isai**
~Isaia 11:1

554. Il Leone della tribù di Giuda
~Apocalisse 5:5

555. La Sapienza di Dio
~1 Corinzi 1:24

556. La Potenza di Dio
~1 Corinzi 1:24

557. La Parola di Dio
~Apocalisse 19:13

558. Il Garante di un eccellente Patto
~Ebrei 7:22

559. La Luce del mondo
~Giovanni 8:12

560. La Resurrezione e la Vita
~Giovanni 11:25

561. La Vera Vite
~Giovanni 15:1

562. Il Principe della vita
~Atti 3:15

563. Un Agnello senza difetto né macchia
~1 Pietro 1:19

564. **La Radice e la Progenie di Davide**
~Apocalisse 22:16

565. **Una Luce per illuminare le genti**
~Luca 2:32

566. **La Consolazione d'Israele**
~Luca 2:25

567. **Il Fedel Testimone**
~Apocalisse 1:5

568. **Lo Splendore della Gloria di Dio**
~Ebrei 1:3

569. **Emmanuele - Dio con me**
~Matteo 1:23

570. **Unico Mediatore fra Dio e gli uomini**
~1 Timoteo 2:5

571. **Rabbonì (Maestro)**
~Giovanni 20:16

572. **Rosa di Sharon**
~Cantico dei Cantici 2:1

573. **Il Corno di Salvezza nella casa di Davide**
~Luca 1:69

574.   Fiumi di acqua in luogo arido
~Isaia 32:2

575.   Il Giglio delle valli
~Cantico dei Cantici 2:1

576.   Un Avvocato presso il Padre
~1 Giovanni 2:1

577.   La Luminoso e stella Mattutina
~Apocalisse 22:16

578.   Il Profeta da Nazaret di Galllea
~Matteo 21:11

579.   Gesù Cristo, lo stesso ieri, oggi, e in eterno
~Ebrei 13:8

580.   Il Beato e unico Sovrano
~1 Timoteo 6:15

581.   Signore del Sabato
~Matteo 12:8

582.   La Radice di Jesse
~Romani 15:12

583.   Una Stella da Giacobbe
~Numeri 24:17

584. Un Giusti Ramo
~Geremia 23:5

585. La Scelta di tutte le nazioni
~Aggeo 2:7

586. La Speranza della Gloria
~Colossesi 1:27

587. L'Amen
~Apocalisse 3:14

588. Insegnante
~Giovanni 13:13

589. Il Secondo Uomo dal cielo
~1 Corinzi 15:47

590. Consigliere
~Isaia 9:6

591. Gesù Cristo mio Salvatore, che battezza con lo Spirito Santo
~Giovanni 1:33

592. Cristo, il Riconciliatore
~ Riferimento: Colossesi 1:19-23

593. Cristo, che mi fortifica, attraverso il quale lo posso ogni cosa
~Filippesi 4:13

594. **Il Capo di ogni principato e potenza**
~Colossesi 2:10

595. **L'ultimo Adamo, che è lo spirito che dà la vita**
~1 Corinzi 15:45

596. **Il Pane Vivente, che è disceso dal cielo**
~Giovanni 6:51

597. **La Parola, che è stata fatta carne**
~Giovanni 1:14

598. **L'esatta Rappresentazione di Dio**
~Ebrei 1:3

599. **Un Principe e un Salvatore**
~Atti 5:31

600. **Un Sommo Sacerdote, che è stato fatto elevato sopra i cieli**
~Ebrei 7:26

601. **Un Sommo Sacerdote, che simpatizza con i miei infermità; che in ogni cosa è stato tentato come io sono, però era senza peccare**
~Ebrei 4:15

602. Un Gran Sommo Sacerdote che è
passato attraverso i cieli
~Ebrei 4:14

603. Il Figliuol dell'uomo, che venuto a
salvare ciò, che era perduto
~Matteo 18:11

604. Colui il cui Nome è al di sopra
d'ogni nome
~Filippesi 2:9

605. Cristo, che Dio mandato
~Giovanni 3:34

606. Unico Signore, Gesù Cristo,
mediante il quale sono tutte le
cose, e mediante il quale io vivo
~1 Corinzi 8:6

607. Cristo, che Dio ha nominato come
Giudice dei vivente e dei morti
~Atti 10:42

608. Cristo, in cui son nascosti tutti i
tesori della sapienza, e della
conoscenza
~Colossesi 2:2-3

609. **Cristo, che fu crocifisso attraverso la debolezza, ma vive per il potere di Dio**
~2 Corinzi 13:4

610. **La mia Pace**
~Efesini 2:14

611. **La mia Giustizia**
~1 Corinzi 1:30

612. **La mia Santificazione**
~1 Corinzi 1:30

613. **La mia Redenzione**
~1 Corinzi 1:30

614. **Mia Sapienza**
~1 Corinzi 1:30

615. **Mio Salvatore, che venuto nel Nome del Signore**
~Matteo 21:9

616. **Mio Signore, che è stato fedele a Lui, che lo nominò**
~Ebrei 3:2

617. **Mio Dio che vive, e era morto**
~Apocalisse 1:18

618. **Mio Dio, per il bene di chi sono tutte le cose, e attraverso il quale sono tutte le cose**
~Ebrei 2:10

619. **Mio Dio che è a venire**
~Ebrei 10:37

620. **Mio Salvatore che non lo fa mi accuserà davanti al Padre**
~Giovanni 5:45

621. **Mio Salvatore, che non lo caccerò fuori colui che si avvicina a Lui**
~Giovanni 6:37

622. **Mio Signore, che conosce tutte le cose**
~Giovanni 21:17

623. **Tutte le promesse di Dio sono 'Si' ed 'Amen', in Te.**
~2 Corinzi 1:20

624. **Il Tuo giogo è facile, e il Tuo peso è leggero.**
~Matteo 11:30

625. **In Te, abita corporalmente tutta la pienezza della Deità.**
~Colossesi 2:9

626. Con la Tua giustizia, dono gratuito è venuto a tutti gli uomini a giustificazione della vita.
~Romani 5:18

627. Per il Tua ubbidienza, molti sono costituiti giusti.
~Romani 5:19

628. In Te, abbiamo la libertà di approccio Dio con fiducia, attraverso fede.
~Efesini 3:12

629. La grazia e la verità vennero attraverso Te.
~Giovanni 1:17

630. Come Tu vivo, ogni ginocchio si piegherà davanti a Te, ed ogni lingua darà gloria a Dio.
~Romani 14:11

631. Nel Tuo Nome, ogni ginocchio si pieghi, nei cieli, sulla terra, e sotto la terra.
~Filippesi 2:10

632. Nessuno conosce il Padre se non Tu, e coloro ai quali Tu scegliere di rivelare Lui.
~Matteo 11:27

633. Per tutti coloro che vengono a Te, che siete affaticati ed aggravati, Tu dare riposo.
~Matteo 11:28

634. Tu tengo le chiavi della morte e dell'Ades.
~Apocalisse 1:18

635. Tuo regno non avrà mai fine.
~Luca 1:33

636. Attraverso di Te, sono state fatte tutte le cose, senza di Te, nulla è stato fatto che è stato fatto.
~Giovanni 1:3

637. Del la Tua pienezza io avere ricevuto, e grazia per grazia.
~Giovanni 1:16

638. Tu sei così di tanto superiore agli angeli.
~Ebrei 1:4

639. Tu intercedere per me.
~Romani 8:34

640. Tu, che non ha conosciuto peccato, ma è stato fatto esser peccato per me.
~2 Corinzi 5:21

641. L'innocente Uno
~Ebrei 7:26

642. L'immacolato Uno
~Ebrei 7:26

643. Il Mansueto ed Umile di cuore
~Matteo 11:29

644. Tu sei con me tutti i giorni, sino alla fine dell'età presente.
~Matteo 28:20

645. Tu dare me la Tua pace. Tu dare me, non come il mondo dà.
~Giovanni 14:27

646. Tu ha la chiave di Davide: Cosa Tu aprire, nessuno può chiudere, e cosa Tu chiudere, nessuno può aprire.
~Apocalisse 3:7

647. **Tu che siedi alla destra del trono della Maestà nei cieli.**
~Ebrei 8:1

648. **Tutte le autorità è stato dato a te, in cielo e sulla terra.**
~Matteo 28:18

649. **Tu sei complessivamente delizioso!**
~Cantico dei Cantici 5:16

650. **Dio sopra tutti**
~Romani 9:5

Per Dio non ha nominato noi all'ira, ma per ottenere
la salvezza attraverso Gesù Cristo nostro Signore
~ 1 Tessalonicesi 5:9

651. Il Messia
~Giovanni 1:41

652. La Propiziazione per i miei peccati
~1 Giovanni 2:2

653. L'Agnello immolato dalla fondazione del mondo
~Apocalisse 13:8

654. L'Agnello che è stato immolato di ricever la potenza e le ricchezze e la sapienza e la forza e l'onore e la gloria e la benedizione
~Apocalisse 5:12

655. L'Agnello di Dio, che tolto il peccato del mondo
~Giovanni 1:29

656. Cristo la mia Pasqua ebraica, che è stato sacrificato per me
~1 Corinzi 5:7

657. **Il mio Salvatore, che mi ha salvato e mi ha chiamato con una santa chiamata**
~2 Timoteo 1:9

658. **Mio Salvatore, che vuole tutti gli uomini siano salvati, e vengano alla conoscenza della verità**
~1 Timoteo 2:4

659. **Mio Salvatore, Gesù Cristo, il quale ha distrutto la morte**
~2 Timoteo 1:10

660. **Mio Salvatore, Gesù Cristo, che prodotto in luce, la vita, e l'immortalità, mediante l'Evangelo**
~2 Timoteo 1:10

661. **Mio Signore Gesù Cristo, che ha dato se stesso per i miei peccati, che Egli può liberarmi da questo presente mondo malvagio, secondo la volontà del mio Dio e Padre**
~Galati 1:4

662. Gesù Cristo, mio Salvatore che
può salvare a l'estremo, coloro che
avvicinarsi Dio attraverso Lui,
perché Egli vive sempre per
intercedere per loro
~Ebrei 7:25

663. Gesù mio Signore, che è stato dato
a causa delle mie offese ed è stata
sollevata ancora una volta per mia
giustificazione
~Romani 4:25

664. In Te, ho la redenzione, anche il
perdono dei peccati.
~Colossesi 1:14

665. Tu consegnato me dal l'ira a
venire.
~1 Tessalonicesi 1:10

666. Tu stato immolato, e con Tuo
sangue Tu acquistato uomini per
Dio, di ogni tribù, lingua, popolo e
nazione.
~Apocalisse 5:9

667. Tu offerto un unico sacrificio per i
peccati, e per sempre.
~Ebrei 10:12

668. Il Salvatore del mondo
−1 Giovanni 4:14

LA PROMESSA DEL PADRE

E quando sarà venuto, convincerà il mondo quanto al peccato, alla giustizia, e al giudizio. ~ Giovanni 16:8

669.   Lo Spirito Santo
~Giovanni 14:26

670.   Lo Spirito del Signore
~Isaia 11:2

671.   Spirito Santo di Promessa
~Efesini 1:13

672.   Lo Spirito di Dio che abita in me
~Romani 8:11

673.   Lo Spirito di Consiglio
~Isaia 11:2

674.   Lo Spirito di Forza
~Isaia 11:2

675.   Lo Spirito di Conoscenza
~Isaia 11:2

676.   Lo Spirito di Sapienza
~Isaia 11:2

677.   Lo Spirito di Comprensione
~Isaia 11:2

678. **Lo Spirito di Rivelazione**
~Efesini 1:17

679. **Lo Spirito del timore del Signore**
~Isaia 11:2

680. **Lo Spirito di Grazia**
~Zaccaria 12:10

681. **Lo Spirito di Supplicazione**
~Zaccaria 12:10

682. **Lo Spirito di Santità**
~Romani 1:4

683. **Lo Spirito della Vita**
~Romani 8:2

684. **Lo Spirito della Verità**
~Giovanni 16:13

685. **Lo Spirito d'Adozione**
~Romani 8:15

686. **Il Consolatore**
~Giovanni 14:26

687. **La Promessa del Padre**
~Atti 1:4

688. **Lo Spirito Eterno**
~Ebrei 9:14

689. **L'olio della gioia**
~Ebrei 1:9

690. **Il Pegno della mia Eredità**
~Efesini 1:14

691. **Lo Spirito di Gloria**
~1 Pietro 4:14

692. **Lo Spirito di Masterizzazione**
~Isaia 4:4

693. **Un Testimone a me**
~Ebrei 10:15

694. **Il mio Compagno**
~ Riferimento: Giovanni 14:16-17; 1 Giovanni 3:24

695. **Lo Spirito che mi aiuta nella mia debolezza**
~Romani 8:26

696. **Lo Spirito che abita in me, che brama da invidiare**
~Giacomo 4:5

697. **Lo Spirito che intercede per me, con sospiri che le parole non possono esprimere**
~Romani 8:26

698. **Colui che è in me, che è più grande di lui che è nel mondo**
~1 Giovanni 4:4

699. **Tu mi insegni tutte le cose e portare tutte le cose al mio ricordo che Gesù ha detto.**
~Giovanni 14:26

*Niuno ha maggiore amor di questo: di metter la vita
Sua per i Suoi amici. ~ Giovanni 15:13*

700.   Il Pastore e Vescovo della mia anima
~1 Pietro 2:25

701.   Il Capitano della mia salvezza
~Ebrei 2:10

702.   Jehovah Mekaddesh - Il Signore che me santifica
~Esodo 31:13

703.   Un Uomo dei dolori e la conoscenza con il dolore
~Isaia 53:3

704.   La Causa di salvezza eterna per tutti coloro che gli obbediscono
~Ebrei 5:9

705.   Colui che giustifica coloro che hanno fede in Gesù
~Romani 3:26

706.   Il Guardiano della mia anima
~Proverbi 24:12

707. Mio Dio, che me dà la vittoria per mezzo del mio Signor Gesù Cristo
~1 Corinzi 15:57

708. Mio Dio, che è potente da mi preservare da ogni caduta
~Giuda 1:24

709. Mio Signore, che prende piacere nel Suo popolo
~Salmi 149:4

710. Mio Signore, che sa liberare il divino dalla tentazione, e riservare gli ingiusti fino al giorno del giudizio per essere punito
~2 Pietro 2:9

711. Mio Dio che conferma me in Cristo
~2 Corinzi 1:21

712. Mio Dio, che è in grado di presentare me impeccabile davanti alla presenza della Sua gloria con grandissima allegrezza
~Giuda 1:24

713. Mio Dio, che mi ha chiamato alla Sua eterna gloria in Cristo Gesù
~1 Pietro 5:10

714. **Mio Dio, che ha suggellati me**
~2 Corinzi 1:22

715. **Mio Fedele Dio, da chi sono stato chiamato alla comunione del Suo Figliuolo Gesù Cristo, mio Signore**
~1 Corinzi 1:9

716. **Gesù Cristo, mio Salvatore, che sostenne una tale opposizione dei peccatori contro a Sé**
~Ebrei 12:3

717. **Mio Dio, che mi fa sempre trionfare in Cristo**
~2 Corinzi 2:14

718. **Gesù Cristo mio Signore, che mi ama, e ha consegnato dai mi i miei peccati col Suo sangue**
~Apocalisse 1:5

719. **Mio Dio, che per mezzo me, spande da per tutto il profumo della Sua conoscenza**
~2 Corinzi 2:14

720. **Mio Dio, che non ha risparmiato il proprio figlio, ma lo ha dato per me**
~Romani 8:32

721. Mio Dio, che mi ha chiamato dalle tenebre alla Sua maravigliosa luce
~1 Pietro 2:9

722. Mio Dio, che raccolto gli esuli d'Israele
~Isaia 56:8

723. Gesù Cristo, mio Signore che me ha riscattati dalla maledizione della legge, essendo divenuto maledizione per me (poiché sta scritto: "Maledetto chiunque è appeso al legno.")
~Galati 3:13

724. Mio Dio, che ha consegnato me dal potere delle tenebre, e ha trasportati me nel regno del Suo amato Figlio
~Colossesi 1:13

725. Gesù Cristo, mio Signore, che foro i miei peccati nel Suo corpo sull'albero, affinché, io, essendo morto per i peccati, devo vivere alla rettitudine
~1 Pietro 2:24

726. Tu riscatta l'anima dei i Tuoi
servitori, e nessun di quelli che
confidano in Te sara condannato.
-Salmi 34:22

LA ROCCA, E SOLIDO FONDAMENTO

Poiché nessuno può porre un fondamento diverso da quello già posato, che è Gesù Cristo ~ 1 Corinzi 3.11

727. **La Ròcca**
~Deuteronomio 32:4

728. **La Ròcca del mio rifugio**
~ Riferimento: Salmi 94:22

729. **La Ròcca che mi ha dato la vita**
~Deuteronomio 32:18

730. **La Ròcca della mia forza**
~ Riferimento: Isaia 17:10

731. **La mia Ròcca e la mia Fortezza**
~ Riferimento: Salmi 71:3

732. **La mia Ròcca e la mia Salvezza**
~Salmi 62:2

733. **Il mio forte Ròcca**
~Salmi 31:2

734. **La Ròcca della mia Salvezza**
~Salmi 95:1

735. **La Roccia dei Secoli**
~Isaia 26:4

736. **La Ròcca d'Israele**
~2 Samuele 23:3

737. **La Spirituale Roccia**
~1 Corinzi 10:4

738. **La Fondamento che è posato**
~1 Corinzi 3:11

739. **Un Fondamento Solido**
~Isaia 28:16

740. **Una Provata Pietra**
~Isaia 28:16

741. **Una Preziosa Pietra Angolare**
~Isaia 28:16

742. **Il Capo Pietra Angolare**
~Efesini 2:20

743. **Una Pietra Vivente**
~1 Pietro 2:4

744. **Una pietra che induce gli uomini a inciampare, e una Roccia che li fa cadere**
~1 Pietro 2:8

IL CAPO DELLA CHIESA

*Io sono il Buon Pastore; il Buon Pastore mette la Sua
vita per le pecore. ~ Giovanni 10:11*

745. Il Gran Pastore delle pecore
~Ebrei 13:20

**746. Un Sommo Sacerdote sopra la
Casa di Dio**
~Ebrei 10:21

747. Il Sommo Pastore
~1 Pietro 5:4

748. La Porta delle pecore
~Giovanni 10:7

749. Il Capo del Corpo: La Chiesa
~Colossesi 1:18

**750. Un Sacerdote in eterno secondo
l'ordine di Melchisedec.**
~Ebrei 7:17

751. Il Primogenito d'ogni creatura
~Colossesi 1:15

752. Il Primogenito fra molti fratelli
~Romani 8:29

753. **Lo Sposo**
~Matteo 25:1

754. **Il Pastore d'Israele**
~Salmi 80:1

755. **Il Capo d'ogni uomo**
~1 Corinzi 11:3

756. **Un Figlio, sopra la Casa di Dio**
~Ebrei 3:6

757. **Ministro del santuario e del vero tabernacolo, che il Signore istituito e non uomo**
~Ebrei 8:2

758. **Il Buon Pastore, che dato la Sua vita per le pecore**
~Giovanni 10:11

759. **Un Sommo Sacerdote che è stato fatto, non per il contenuto di un comandamento carnale, ma dopo la potenza di una vita infinita**
~Ebrei 7:16

760. **Un Fedele Sommo Sacerdote**
~Ebrei 2:17

761. Un Misericordioso Sommo Sacerdote
~Ebrei 2:17

762. Mio Signore, che tiene le sette stelle nella Sua destra mano
~Apocalisse 2:1

763. Mio Signore, che cammina in mezzo ai sette candelabri d'oro
~Apocalisse 2:1

764. Cristo, che ha amato la Chiesa e ha dato se stesso per lei
~Efesini 5:25

765. Tu dare le Tue pecore la vita eterna.
~Giovanni 10:28

163

IL DIO MISERICORDIOSO

Egli non mantenere Sua rabbia per sempre, perché
Egli si diletta nella misericordia. ~ Michea 7:18

766. **Dio Misericordioso**
     ~Deuteronomio 4:31

767. **Mio Dio che mostra misericordia**
     ~Romani 9:16

768. **Mio Dio, che pente da l'invio calamità**
     ~Giona 4:2

769. **Mio Dio, che è indulgente, misericordioso e pieno di compassione; lento all'ira e di grande bontà**
     ~Neemia 9:17

770. **Mio Dio, che annulla i miei misfatti per il Suo bene e non ricorda i miei peccati**
     ~Isaia 43:25

771. **Mio Dio, che è fedele e giusto per perdonare i miei peccati e mi purificherà da ogni colpa**
     ~1 Giovanni 1:9

772. Mio Dio, che ha non mi trattati secondo i miei peccati, né mi ha retribuiti secondo le mie iniquità
~Salmi 103:10

773. Mio Dio, che non mantenere Sua rabbia per sempre, perché Egli si diletta nella misericordia
~Michea 7:18

774. Mio Dio, che è ricco in misericordia
~Efesini 2:4

775. Le Tue compassioni sono sopra tutte le Tue opere.
~Salmi 145:9

776. Tutti i Tuoi percorsi sono benignità e verità per quelli che osservano il Tuo patto e le Tue testimonianze.
~Salmi 25:10

777. Chi è un Dio come te, perdonando iniquità e passando sopra la trasgressione del residuo del Suo patrimonio?
~Michea 7:18

778. I Tuoi occhi sono su quelli che Te temono, e quelli che speriamo nella Tua misericordia per salvare le loro anime dalla morte e per tenerli vivi in tempo di carestia.
~Salmi 33:18-19

779. Tu sei lento all'ira e di gran benignità.
~Salmi 145:8

780. Tu sei buono e pronto a perdonare e abbondante in misericordia a coloro che chiamano su di Te.
~Salmi 86:5

DIO D'AMORE E COMPASSIONE

Poiché la Tua benignità vale meglio della vita; le mie labbra Ti loderanno. ~ Salmi 63:3

781. La mia Allegrezza ed il mio Giubilo
~ Riferimento: Salmi 43:4

782. Il mio Confidente
~ Riferimento: Salmi 118:8

783. Un Amico che è più vicino che un fratello
~Proverbi 18:24

784. Mio Dio, che è misericordioso e pieno di compassione
~Salmi 145:8

785. Mio Dio, il cui compassioni falliscono non; Sono nuovo ogni mattina
~Lamentazioni 3:22-23

786. Mio Dio, chi si umilia a guardar le cose che sono in cielo e in terra
~Salmi 113:6

787. **Mio Dio, che conforta me in tutte le mie afflizioni, così che dalla comodità con la quale io sono confortato, io sono potere confortare quelli che sono in difficoltà**
~2 Corinzi 1:4

788. **La Tua faccia riguarda l'uomo diritto.**
~Salmi 11:7

789. **Mio Dio, che consola quelli che sono gettato giù**
~2 Corinzi 7:6

790. **Mio Dio, che non ha piacere della morte del malvagio, ma che l'empio girare da loro modi e live**
~Ezechiele 33:11

791. **Mio Signore, che incorona il Suo popolo con gentilezza amorevole e tenera misericordia**
~ Riferimento: Salmi 103:4

792. **Il mio Salvatore, che è andato su fare del bene**
~ Riferimento: Atti 10:38

793. **Mio Dio, che dà gioia**
~ Riferimento: Giovanni 16:24

794. **Il Signore, che esegue la giustizia
per i poveri e gli afflitti**
~Salmi 140:12

795. **Mio Signore, che corregge coloro
che Egli ama, e flagella ogni
figliuolo che Egli gradisce**
~Ebrei 12:6

796. **Mio Signore che è esaltato; eppure
guarda su gli umili, e conosce da
lungi l'altero**
~Salmi 138:6

797. **La Tua amorevole gentilezza verso
me è grande.**
~Salmi 117:2

798. **Con Te è benignità, e con Te è
abbondanza di redenzione.**
~Salmi 130:7

799. **Comè prezioso è la Tua amorevole
gentilezza! I figliuoli degli uomini si
rifugiano all'ombra delle Tue ali.**
~Salmi 36:7

800. La Tua ira è per un momento.
~Salmi 30:5

801. Da sempre e per sempre, il tuo amore è con coloro che ti temono, e la tua giustizia con i figli dei loro figli.
~Salmi 103:17

802. Non c'è pienezza di gioia nella Tua presenza.
~Salmi 16:11

803. Ci sono piaceri a la Tua destra mano.
~Salmi 16:11

804. La Tua benignità arriva fino al cielo.
~Salmi 36:5

805. La Tua grazia porta salvezza.
~Tito 2:11

806. I Tuoi pensieri per me, sono pensieri di pace e non di male, per darmi un futuro e speranza.
~Geremia 29:11

172

807. Grande è la Tua bontà, quale Tu avete previsto per coloro che ti temono, quale Tu lavorato per loro che la fiducia in Te prima che i figli degli uomini.
~Salmi 31:19

808. Tu sei Amore.
~1 Giovanni 4:16

809. Tu vive in un luogo alto e Santo, ma anche con colui, che è umile in spirito, di far rivivere lo spirito dell'umile e di far rivivere il cuore dei contriti.
~Isaia 57:15

810. Tu sono vicino a coloro che hanno un cuore spezzato e salvare quelli che hanno uno spirito contrito.
~Salmi 34:18

811. Tu proteggere il semplice.
~Salmi 116:6

812. Tu portare fuori i prigionieri e dare loro gioia, ma rendere il ribelle vive in una terra bruciata dal sole.
~Salmi 68:6

813. Tu ama la giustizia e non lo faranno abbandonerà i Tuoi santi.
~*Salmi 37:28*

814. Tu imposta l'umile, in alto.
~*Giobbe 5:11*

815. Tu sollevare quelli che piangono, a sicurezza.
~*Giobbe 5:11*

816. Tu sceglie di avere compassione su quelli il quale Tu sarà avete compassione.
~*Esodo 33:19*

817. Tu non lo faranno disprezzi né disdegnate l'afflizione dell'afflitto.
~*Salmi 22:24*

818. Tu non lo faranno nascondermi la Tua faccia da l'afflitto; Tu ascolta il loro grido di aiuto.
~*Salmi 22:24*

819. Tu sarà non sempre accusare, né serbare Tua ira in perpetuo.
~*Salmi 103:9*

820. Tu sei misericordioso.
~*Esodo 22:27*

821.   Se alcuno ama Te, egli è
        conosciuto da Te.
        ~1 Corinzi 8:3

822.   Tuo segreto è con quelli che
        temono Te, ed Tu fa loro conoscere
        Tuo patto.
        ~Salmi 25:14

823.   Tu rendere tutte le cose cooperano
        al bene di quelli che amano Te; a
        quelli, che son chiamati secondo il
        Tuo proponimento.
        ~Romani 8:28

824.   Tu raccolgono gli agnelli nelle tue
        braccia, e li portano vicino al tuo
        cuore.
        ~Isaia 40:11

825.   Mio Amico
        ~Giovanni 15:14

826.   Mio Signore, che è buono a tutti
        ~Salmi 145:9

IL GRANDE FORNITORE E SEMPRE PRESENTE AIUTO

Tu apre la mano e soddisfare il desiderio di ogni essere vivente. ~ Salmi 145:16

827. **Jehovah Jireh - mio Signore, che fornisce**
~Genesi 22:14

828. **Un Aiuto Molto Presente nei guai**
~Salmi 46:1

829. **La Salute del mio volto**
~ Riferimento: Salmi 43:5

830. **L'aiutatore dell'orfano**
~Salmi 10:14

831. **Il Difensore delle vedove**
~Salmi 68:5

832. **Il Dio vivente, che mi dà riccamente tutte le cose da godere**
~1 Timoteo 6:17

833. **Mio Benefattore**
~ Riferimento: Salmi 144:2

834. **Mio Dio, che ripristina**
~ Riferimento: Gioele 2:25

835. Mio Dio, che dà a tutti, la vita, e il fiato, e ogni cosa
~Atti 17:25

836. Mio Dio, che dà il cibo ad ogni carne
~Salmi 136:25

837. Mio Dio, che supplirà tutte le mie bisogni
~Filippesi 4:19

838. Mio Dio, che mi dà la forza per acquistare ricchezze
~Deuteronomio 8:18

839. Mio Dio, che mi riempie di bontà, ogni giorno
~Salmi 68:19

840. Mio Dio, che rende la mia via perfetta
~ Riferimento: 2 Samuele 22:33

841. Mio Dio, che cosa va prima di me e fa luoghi ruvidi dritto
~ Riferimento: Isaia 45:2

842. Mio Dio, che dona a tutti generosamente senza rinfacciare
~Giacomo 1:5

843. Mio Dio, che dà canzoni nella notte
~Giobbe 35:10

844. Mio Dio che soddisfa l'anima assetata, e riempie l'anima affamata con bontà
~Salmi 107:9

845. Mio Dio, che mi ha benedetto con tutte le benedizioni spirituali nei luoghi celesti in Cristo
~Efesini 1:3

846. Mio Dio, che soddisfa la mia bocca con le cose buone, affinché la mia giovinezza si rinnova come l'aquila
~ Riferimento: Salmi 103:5

847. Mio Dio, che compie ogni cosa per me
~ Riferimento: Salmi 57:2

848. Mio Signore, che dirige i passi degli uomini retti, e diletta in ogni dettaglio della loro vita
~Salmi 37:23

849. Mio Dio, che mi dà liberamente tutte le cose
~Romani 8:32

850. Mio Dio, che è con coloro che sostenere la mia anima
~ Riferimento: Salmi 54:4

851. Mio Dio, che rende una strada nel deserto, e fiumi nella solitudine
~Isaia 43:19

852. Mio Dio, che rende i miei piedi simili a quelli delle cerve, e mi fa stare in piedi, in luoghi alti
~ Riferimento: Salmi 18:33

853. Coloro che temono Te manca niente.
~Salmi 34:9

854. Ogni donazione buona e ogni dono perfetto vengono dal Te, Padre.
~Giacomo 1:17

855. Ricchezze e l'onore di venire da Te; Tu regnano su tutti.
~ 1 Cronache 29: 12

856. In Tua mano è potenza e forza, e in Tua mano è per rendere grande e dare forza a tutti.
~1 Cronache 29:12

857. Chi ha prima dato a Te e gli sarà contraccambiato?
~Romani 11:35

858. Un uomo buono ottiene il favore da Te, ma Tu condanna l'uomo dei malvagi dispositivi.
~Proverbi 12:2

859. Coloro che cercano ti non manca nessuna buona cosa.
~Salmi 34:10

860. I Tuoi doni e la vocazione sono senza pentimento.
~Romani 11:29

861. Siete in grado di rendere ogni grazia abbondare verso di me, affinché in tutte le cose, avendo sempre quello io necessario, lo farò abbondano in ogni opera buona.
~2 Corinzi 9:8

862. Tu apri la Tua mano, e sazi il desiderio di tutto ciò che vive.
~Salmi 145:16

863. Tu sei alla destra del povero per salvarlo da quelli che lo condannano.
~Salmi 109:31

864. Tu dare pioggia umanità dal cielo e le colture nelle loro stagioni, soddisfacendo i nostri cuori di cibo e allegrezza.
~Atti 14:17

865. Tu posiziona il solitario nelle famiglie.
~Salmi 68:6

866. Tu benedirai i giusti; Tu li circondano con gentilezza, come con uno scudo.
~Salmi 5:12

867. La mia Vita e la Lunghezza dei miei giorni
~Deuteronomio 30:20

Guariscimi, o Signore, e sarò guarito; salvami e sarò salvo; poiché Tu sei la mia Lode. ~ Geremia 17:14

868. Jehovah Rapha, Mio Signore, che guarisce
~Esodo 15:26

869. Jehovah Shalom, Il Signore mia pace
~Giudici 6:24

870. Principe della Pace
~Isaia 9:6

871. L'Autore della Pace
~1 Corinzi 14:33

872. Tu inviato la Tua parola e il Tuo popolo erano guarito, e liberati dalle lor malattie mortali.
~Salmi 107:20

873. Mediante i Tuoi lividure, io sono sanati.
~1 Pietro 2:24

874. Malattie e infermità obbedire Te.
~ Riferimento Luca 4:39

875. **Demoni obbedire Te.**
~ Riferimento: Luca 4:33-35

876. **Tu inviare dolore, e anche fornire sollievo.**
~Giobbe 5:18

877. **Tu ferisce, ma le Tue mani guariscono.**
~Giobbe 5:18

878. **Tu benedire il Tuo popolo con la pace.**
~Salmi 29:11

879. **Tu preso le mie infermità e trasportato i miei dolori.**
~Isaia 53:4

880. **Mio Signore, che guarisce tutte le mie infermità**
~ Riferimento: Salmi 103:3

Uno solo è il Legislatore e Giudice, colui che è in grado di salvare e distruggere. ~ Giacomo 4:12

881. Signore, Il Legislatore
~Isaia 33:22

882. Signore, Il Giudice
~Isaia 33:22

883. Il giudice, che mette uno verso il basso e imposta un altro fino
~Salmi 75:7

884. Dimora della giustizia
~Geremia 50:7

885. Mio Dio, che giudica giustamente
~1 Pietro 2:23

886. Mio Dio, che non ha alcun riguardo per l'aspetto dei principi, e non considera il ricco più del povero, perché son tutti opera delle Sue mani
~Giobbe 34:19

887. Tu giudica e fare la guerra con giustizia.
~Apocalisse 19:11

888. Il Tuo viso è contro coloro che fanno il male, per tagliare loro memoria dalla terra.
~Salmi 34:16

889. In onestà e nella perfetta giustizia, Tu non opprimere qualcuno.
~Giobbe 37:23

890. Giustizia e diritto son la base del Tuo Trono.
~Salmi 89:14

891. Molti cercano il volto di colui che governa, ma il giudizio di ogni uomo viene da Te, Signore.
~Proverbi 29:26

892. Tu eseguire giustizia e di giudizio per tutti quelli che sono oppressi.
~Salmi 103:6

893. Tu ama la giustizia; Tu odio rapina e iniquità.
~Isaia 61:8

894. Ogni mattina, Tu portate il Tuo giudizio alla luce.
~Sofonia 3:5

895.   Il Giudice di tutta la terra
        -Genesi 18:25

POSSENTE GUERRIERO

Lo invocai Il Signore ch'è degno d'ogni lode e fui salvato da i miei nemici. ~ Salmi 18:3

896. **Jehovah Nissi - Il Signore, mio Bandiera**
~Esodo 17:15

897. **Un Gran Guerriero**
~Esodo 15:3

898. **Il grande guerriero, che provoca confusione nel campo del nemico**
~ Riferimento: 2 Cronache 20:22-25

899. **Il Signore, Forte e Potente**
~Salmi 24:8

900. **Mio Dio che salva con Sua destra mano, coloro che cercano un riparo contro i loro avversari**
~Salmi 17:7

901. **Mio Dio, che colpì i primogeniti dei egiziani, e portato Israele fuori da fra loro, con un potente e braccio teso**
~Salmi 136:10-12

902. Mio Dio, che colpì grandi re e uccise re potenti
~Salmi 136:17-18

903. Mio Dio, che dà la vittoria ai re
~Salmi 144:10

904. Mio Dio che va con me a combattere per me contro i miei nemici, per salvare me
~Deuteronomio 20:4

905. Mio Signore, Potente in battaglia
~Salmi 24:8

906. Tu custodire le anime de i Tuoi fedeli, e li salvare dalla mani degli empi.
~Salmi 97:10

907. Così grande è il Tuo potere che rabbrividire i Tuoi nemici davanti a Te.
~Salmi 66:3

908. La Tua destra mano, o Signore, è mirabile per la sua forza.
~Esodo 15:6

909. **La Tua destra mano, o Signore, schiaccia nemici a pezzi.**
~Esodo 15:6

910. **Quando le vie dell'uomo farti piacere, Tu fare anche i suoi nemici di essere in pace con lui.**
~Proverbi 16:7

911. **La Spada che fa me trionfare**
~Deuteronomio 33:29

IL DIO DELLA RICOMPENSA E DELLA VENDETTA

O Dio della vendetta, O Signore, Dio della vendetta,
appaiono nel Tuo splendore! ~ Salmi 94:1

912.   Il Dio della Ricompensa
~Geremia 51:56

913.   Mio Dio, che ricerche i cuori e le menti di tutti e sarà ricompenserà ciascuno di noi secondo le nostre opere
~Apocalisse 2:23

914.   La Vendetta è il Tuo, e Retribuzione
~Deuteronomio 32:35

915.   Tu saranno non trattenere le cose buone da quelli che camminano nell'integrità.
~Salmi 84:11

916.   I Tuoi occhi correre avanti e indietro per tutta la terra per rafforzare coloro cui cuori pienamente impegnata a Te.
~2 Cronache 16:9

917. Tu onorare coloro che onora Te, e colui che disprezza Te sarà umiliati.
~1 Samuele 2:30

918. Tu mostrare compassione a l'uomo pio; Tu sei perfetta con l'uomo di integrità.
~Salmi 18:25

919. Tu sei puro con il puro, ma rigorosamente procedere con il perverso.
~Salmi 18:26

920. Tu sei un Rimuneratore di quelli che cercano diligentemente Te.
~Ebrei 11:6

921. Tu dare grazia e onore.
~Salmi 84:11

922. Tu adornare i miti con la salvezza.
~Salmi 149:4

923. Tu prende vendetta sui i Tuoi avversari, e mantenere la Tua ira contro i vostri nemici.
~Nahum 1:2

924. Tu ridere quando l'empio trama contro il giusto e digrignare i denti contro di loro, perché Tu conosce che il loro giorno è venuta.
~Salmi 37:13

925. Tu dare all'uomo cui Tu gradisce, sapienza, intelligenza e gioia; ma al peccatore, Tu dare la cura di raccogliere, e accumulare, affinché egli può dare tutto a colui ch'è gradito agli i Tuoi occhi.
~Ecclesiaste 2:26

926. Tu non permette che il giusto soffra la fame, ma Tu respingere il insoddisfatta l'avidità degli empi.
~Proverbi 10:3

927. Non siete ingiusti a dimenticare la mia opera, e la fatica della carità che io ha mostrato verso il Tuo nome.
~Ebrei 6:10

928. Tu preservare i fedeli, ma Tu premiano gli orgogliosi, in pieno.
~Salmi 31:23

929. **Tu salva l'umile, ma portare a basso quelli i cui occhi sono altezzoso.**
~Salmi 18:27

930. **Tu deridere gli schernitori ma dare grazia agli umili.**
~Proverbi 3:34

931. **Un geloso e vendicatore Dio**
~Nahum 1:2

Tu sei il mio Rifugio; Tu conservare mi da problemi.
~ Salmi 32:7

932.   Un Rifugio contro la tempesta
~Isaia 25:4

933.   Il mio Rifugio e la mia forza
~Salmi 46:1

934.   Un alto Ricetto al l'oppresso
~Salmi 9:9

935.   Un Rifugio in tempi di distretta
~Salmi 9:9

936.   Sole e Scudo
~Salmi 84:11

937.   Il mio Custode
~Salmi 121:5

938.   Una Luogo di torrenti e di larghi fiumi
~Isaia 33:21

939.   Mio Scudo
~Genesi 15:1

940. **Lo Scudo che mi protegge**
~Deuteronomio 33:29

941. **L'Ombra di una grande roccia in una terra stanca**
~Isaia 32:2

942. **Un Rifugio da età a età**
~Salmi 90:1

943. **La mia protezione**
~2 Tessalonicesi 3:3

944. **Un Luogo di Fortezza, per salvarmi**
~Salmi 31:2

945. **Un Santuario**
~Isaia 8:14

946. **Un Muro di Fuoco**
~Zaccaria 2:5

947. **Mio Forte Ricetto**
~ Riferimento: Salmi 71:7

948. **Un Ombra contro il caldo**
~Isaia 25:4

949. Come Gerusalemme è circondata dai monti; così Tu circondare il Tuo popolo, ora e per sempre.
~Salmi 125:2

950. Tu sei uno Scudo per tutti quelli che sperano in Te.
~Salmi 18:30

951. Tu sei uno scudo per quelli che camminano integramente.
~Proverbi 2:7

952. Tu mantenere viva la mia anima, e impedire i miei piedi di scivolare.
~Salmi 66:9

953. Tu nascondi me nell'ombra della Tua presenza, lungi dalle macchinazioni degli uomini.
~Salmi 31:20

954. Tu nascondi me segretamente in una tenda, da contese verbali.
~Salmi 31:20

955. Il mio Rifugio e mio Scudo
~ Riferimento: Salmi 119:114

Per Tu sei stato un rifugio per me, e una Forte Torre dal nemico. ~ Salmi 61:3

956. **Jehovah Rohi - Il Signore, il mio Pastore**
~Salmi 23:1

957. **Una Forte Torre dal nemico**
~Salmi 61:3

958. **Il Dio che salvato Shadrac, Meshac e Abednego**
~Daniele 3:28

959. **La Speranza d'Israele**
~Geremia 14:8

960. **Il Salvatore d'Israele in tempo di distretta**
~Geremia 14:8

961. **La Forza del mio cuore**
~ Riferimento: Salmi 73:26

962. **Mia Gloria**
~ Riferimento: Salmi 3:3

963. **La mia Forza**
~Salmi 46:1

964. **La mia Lampada**
~ Riferimento: 2 Samuele 22:29

965. **Colui che solleva la mia testa**
~ Riferimento: Salmi 3:3

966. **La mia Luce e la mia Salvezza**
~ Riferimento: Salmi 27:1

967. **La Forza della mia vita**
~ Riferimento: Salmi 27:1

968. **Il Mio Rifugio nel giorno della calamità**
~ Riferimento: Geremia 17:17

969. **Mio Sostegno**
~ Riferimento: 2 Samuele 22:19

970. **La Forza d'Israele**
~1 Samuele 15:29

971. **La Forza della mia salvezza**
~ Riferimento: Salmi 140:7

972. **Forza ai bisognosi in angoscia**
~Isaia 25:4

973. **Fortezza per il povero**
~Isaia 25:4

974. Il Dio d'Israele, che dà forza e potenza al Suo popolo
~Salmi 68:35

975. Il Grande Liberatore, che allentato le catene su Paolo e Sila, e aprì le porte della prigione
~ Riferimento: Atti 16:25-31

976. Il Grande Liberatore, che contribuito Moses e consegnato Lui dalla spada di Faraone
~ Riferimento: Esodo 18:4

977. La mia Guida, anche fino morte
~Salmi 48:14

978. Mia Forza e la mia Canzone
~ Riferimento: Salmi 118:14

979. Mio Signore, che sostiene tutti coloro che rientrano
~Salmi 145:14

980. Mio Signore, che sostiene tutti che sono depressi.
~Salmi 145:14

981. Mio Dio, che è presente nella società dei giusti
~Salmi 14:5

982. Mio Dio, che difende la causa del Suo popolo
~Isaia 51:22

983. Mio Dio, che può salvare e distruggere
~Giacomo 4:12

984. Mio Dio, che riscatta il Suo popolo dai loro nemici
~ Riferimento: Salmi 136:24

985. Mio Dio, che consegnato David Suo servo dalla spada mortale
~Salmi 144:10

986. Mio Dio che ricorda il Suo popolo dell'Alleanza nel loro status basso
~ Riferimento: Salmi 136:23

987. Mio Signore, la cui mano è non troppo corta per salvare
~ Riferimento: Isaia 59:1

988. Mio Dio, che può non essere prevenuta per salvare da molti o da pochi
~1 Samuele 14:6

989. Il Tuo nome è una Torre Forte: i giusti correre in esso, ed esso è un alto rifugio per loro.
~Proverbi 18:10

990. Coloro che guardano a Te sono raggianti, i loro volti sono mai coperti di vergogna.
~Salmi 34:5

991. Il Tuo potere è resa perfetto nella debolezza.
~2 Corinzi 12:9

992. Molte sono le afflizioni dei giusti, ma Tu liberare me da tutti loro. Tu mantenere tutte le mie ossa, e non una di loro è rotto.
~Salmi 34:19-20

993. Con Te, io abbatteremo i miei nemici.
~Salmi 44:5

994. Nel Tuo nome sarà battistrada li sotto tale aumento fino contro di me.
~Salmi 44:5

995. Tu liberare e salvare
~Daniele 6:27

996. Tu deliziare non in la forza del cavallo, né prendere piacere in le gambe di un uomo.
~Salmi 147:10

997. Tu salvare i poveri da coloro che sono più forti di loro.
~Salmi 35:10

998. Tu salvare i poveri e i bisognosi da coloro che li derubano.
~Salmi 35:10

999. Tu dare potenza per i deboli e aumentare la forza a lui che è stanco.
~Isaia 40:29

1000. Tu sei la Fortezza del Tuo unto.
~Salmi 28:8

1001. Il mio Alto Torre, e Il mio Liberatore
~ Riferimento: Salmi 144:2

www.ingramcontent.com/pod-product-compliance
Lightning Source LLC
Chambersburg PA
CBHW060922040426
42445CB00011B/740